第二巻

中国名記者列伝

正義を貫き、その文章を歴史に刻み込んだ先人たち

編者・柳斌傑・李東東
監訳・加藤青延
訳者・黒金祥一

日本僑報社

正義を貫き、その文章を歴史に刻み込んだ先人たち――序

柳斌傑《りゅうひんけつ》・李東東《りとうとう》

アヘン戦争以降の中国近現代史とは、人民が外国の侵略に立ち向かい、民族の独立を勝ち取った歴史だった。また、苦しみにもがく民衆が、搾取や抑圧に抵抗し、自由と解放を追求した歴史であり、希望と真理を追い求める若者たちが次々と登場し、豊かで強い国造りと民族の復興をめざして奮闘した歴史でもあった。まさに涙あり感動ありというこの百年余りの波乱万丈の時の流れの中で、その時代ごとのジャーナリストたちが、その身を仕事に捧げ、情熱を余すところなく発揮することで大きな役割を果たした。彼らは、優れた文章を次々と世に送り出し、真理を世に広めた。さらに、民衆を呼び覚まし、革命を奮い立たせ、時代の流れを先導した。そうした優秀なジャーナリストたちは、まさに歴史の体験者であり、参加者であり、そして歴史の記録者、思想家でもあった。彼らは、その積極的な思考と果敢な行動力を拠りどころとして、歴史の軌跡の上に、自らの心を深く刻み込んだのだ。彼らが綴った文章や、撮影した写真は、波乱の中で発展した激動の中国近現代史を生々しく記録している。王韜《おうとう》、梁啓超《りょうけいちょう》、秋瑾《しゅうきん》、邵飄萍《しょうひょうへい》、陳独秀《ちんどくしゅう》、蔡和森《さいわしん》、鄒韜奮《すうとうふん》、瞿秋白《くはくしゅう》、範長江《はんちょうこう》、鄧拓《とうたく》、穆青《ぼくせい》、範敬宜《はんけいぎ》、郭超人《かくちょうじん》……、彼らはみな歴史にその名が刻まれた人物だ。中国の報道の歴史の中でその時々に重要な地位を占めたばかりでなく、その精神や功績は、中国のほかの時期の革命や建設事業に対しても影響を与え、この上なく貢献した。

『中国名記者列伝』の主役は、まさに中国の近現代のニュース報道に携わったジャーナリストたちだ。

そして、彼らが時代のため、そして人民のために発した声や報道、その輝かしい足跡と業績を示し、彼らこそが歴史を押し進めた本流だったことを明らかにする。中国近現代のニュース報道は、事実上、清朝の末期から始まった。その後、戊戌《ぼじゅつ》の政変、辛亥革命、第一次国共合作、第二次国共合作、抗日戦争、解放戦争（国共内戦）を経て、新中国成立から改革開放の初期に至るまで、中国のニュース報道は、時代とともに歩み続け、壮大な発展を遂げた。その間、記者たちは、民族の独立のため、民主政治のため、文化事業のため、そして社会発展のために、持てる力と知恵を存分に活かして貢献した。改革開放の時代に入ってからも、新たな情勢と背景のもと、多くの優秀なジャーナリストが続々と登場した。彼らは「中国の特色ある社会主義」という偉大な旗印を高く掲げ、党中央が求めた、思想の自由や改革開放を進める上で必要とされることを真摯に実行したのだ。彼らは、実際の状況や、人々の生活、そして多くの民に寄り添い、ニュース報道を創造的に発展させた。そして、党や人民に忠実だった先輩たちの、優れた伝統を十分に踏襲し、新しい時代、新しい段階におけるニュース報道の創造者となった。『中国名記者列伝』は、幾千幾万の記者たちの中から、とりわけ特徴的で象徴的な４００人を選りすぐり、その生涯を紹介した。本書に収録した著名な記者たちは、すべて中国近現代における傑出したジャーナリストの代表だ。彼らの活躍は１５０年間にわたる。つまり、１８７４年創刊の『循環日報』における中国初の政治評論家・王韜《おうとう》や、西洋の学問を中国に浸透させる西学東漸運動の先駆者・厳復《げんふく》、近代の世論をリードした梁啓超《りょうけいちょう》に始まり、五・四運動の総司令官・陳独秀《ちんどくしゅう》、「鉄肩辣手（辣腕家）」といわれた邵飄萍《しょうひょうへい》、党の新聞・雑誌の開拓者・瞿秋白《くしゅうはく》、鄒韜奮《すうとうふん》や范長江《はんちょうこう》にいたるまで……彼らの心の中には、優秀なジャーナリストとして追求すべき理想や道徳資質、それに社会的責任感や歴史的な使命感が溢れていた。彼らの中には、民を啓発するために声をあげた者もいるし、闇社会を暴露することで怒りをあらわにした者もいる。また希望を求めて強く呼びかけた者や、正義を守るために声を上げた者もいる。彼らが命がけで追い求めた精神とは、鄒韜奮のいう「完璧な公正無私と社会に奉仕する精神」に他ならない。それはまた、民族の独立、豊かで強い国づくり、社会の進歩、そして民衆の幸福のために絶えず奮闘する精神でもある。そのような精神や品格は、疑うまでもなく、今日のジャーナリストが受け継いで発揮すべき貴重な財産であり、若い世代の記者が必ずや学ぶべき模範といえる。また、社会全体が奮い立ち、新たな創造につながるよう激励するための重要な力の源泉でもある。

中国の初期の優秀なジャーナリストは、深刻な民族存亡の危機に直面して、憂国の情と愛国心を強く発信した。彼らは国の政治を熱く論じるとともに、力を込めて革命を提唱し、祖国の危急を救うために各地を奔走しながら訴え続けた。国共内戦の時代、革命を求める記者たちは国民党の暗黒統治を暴露し、中国共産党が指導する人民解放事業を熱く讃えた。そして歴史の流れをはっきり認識させ、社会の進歩を正しく自覚させたのだ。新中国成立後、多くの優秀な記者が時代の歩みに沿って、革命と建設の事業に積極的に関わり、社会の発展を妨げる悪しき気風と、古い規則や悪い習慣を批判した。そして改革開放後の三十年あまり、中国の経済界は急激な発展をとげたが、ジャーナリストもそうした発展に積極的に関与してきた。自らのペン、レンズ、音や映像を使って、偉大な改革開放事業を大きく報道し、時代の変遷と文明の進化を忠実に記録した。歴史の発展や社会の進歩は、歴代の著名な記者たち誰もが追求した対象といえるだろう。それぞれが身をおいた時代や、表現の形式は異なるが、優秀な記者たちからは重大な歴史を担当しているという責任感や、豊かで強い国づくりと人民の幸福に対する心からの誠意が見て取れる。現代の記者、特に若い記者は、社会に大きな影響を与えるような中身の濃いニュースを書くべきだ。そのためには、まず、歴史に対する責任感を持たなければならない。歴史の法則や、社会の進歩の度合いに順応しつつ、時代が求める熱き実践の中に身を投じるべきだ。そして党と人民のためのニュース報道を積極的に推進し、文明の進歩に重責を負わなければならない。

プロとしての素養についていえば、近現代の著名な記者たちには一つの共通点がある。それはみな、ジャーナリストとしての崇高な信念を抱き、真理を追究する精神を持ち合わせていたことだ。彼らは苦労をいとわず、掘り下げた取材を行い、深く考え真実を伝えるというニュースの原則を堅持してきた。また、事実に基づき話をするという立場や、真相を通して道理を説くという立場、虚偽の報道を拒絶し、ごまかしやでっち上げに反対するという立場を貫いている。いうなれば「上っ面の取材で済ます記者は記事の内容が薄く、物事を深く掘り下げ探求した記者こそ大いなる真実にたどり着く」ということだ。範長江、鄒韜奮、穆青ら旧世代のジャーナリストたちは『揺れ動く北西大局』『萍踪寄語』『県委員会書記の模範――焦裕禄《しょうゆうろく》』などを書き記し、それが今に至るまで名作として語り継がれているのもけっして偶然ではない。そうした大先輩たちは、一つの報道のためにしばしば数百里から千里の道も労をいとわず奔走し、百人にものぼる人を取材した。その上で、深く掘り下げた文章にまとめたり、心を込めて思想を練り上げたりしてきたのだ。名作とされる数々の記事の裏には、みなそれを書くために苦心惨憺した記者の汗水がしみこんでいる。小さな泡が水面に浮かぶように、情報もどうでもよいものが表面に集まる。インターネットという上っ面の情報だけを見てニュースを書いているようでは、とても名記者にはなれない。実際の状況に近づき、人々の生活に近づき、民衆の立場に近づくべきという「三つの接近」を真剣に実行しなければ、人々から歓迎されることもないし、ましてや末永く語り継がれる名記事を書くことなど到底できない。つまり改革開放と現代化建設の偉大な実践を真に受け止め、人々のさまざまな現実の生活に寄り添い、さらには人民大衆の中に深く入り込んでニュースを発掘するといった、「足で稼いでニュースをつかむ」大先輩たちの優れたやり方にならって、自らの力を発揮することこそ絶対に欠かせないのだ。

本書に収められた著名な記者たちには、もう一つの共通の特徴がある。それは彼らがすべて豊富な知識と幅広い視野を持ち、しかも絶えず学ぶことを人生の重要な信条としていたことだ。記者の大先輩、例えば胡愈之《こゆし》、イスラエル・エプスタイン、穆青、範敬宜らは、生涯を学びに費やし、生きている限り学び続けた。彼らはいつも取材の前に必ず「下調べの勉強」を行い、常に学び、いたるところで学習することに努めた。だからこそ彼らの博学な知識、幅広い視野、そして美しい文章には、深い情感がこもり、知恵がきらめき、人々に争って読まれたり、広く語り伝えられたりすることになったのだ。今日の記者は、新しい情勢の下で成績をあげるべきだ。そのためには、頭の中の知識を絶えず完璧な形に整理し、知識の領域を広め、自らの素質を高めるよう努めなければならない。また、国内や海外の情勢の変化を深く理解し、世界を見通せる眼と戦略的な思考を養い、世界に発信する意識を強めなければならない。さらに現代の経済、法律、文化、そして様々な科学技術の知識に関する学習を強化し、インターネットなどによる情報化が進む中で、ニュースを伝える規範や芸術を深く研究し、情報、デジタル化、インターネットなど現代技術のツールをうまく活かしてニュース報道の仕事をすすめる必要がある。特に、あらゆるメディア同士が競いあう時代にニュース報道を行うためには、知識と技術と情報こそが競争力だ。だから、大先輩が生涯実践した「学びの精神」をさらに発揮し、ニュース報道の達人を目指さなければならない。

改革開放政策が大きな広がりを見せる中、ニュース・出版事業は、党と国家のバックアップを受けつつ、積極的に改革に取り組み、空前の飛躍的大発展を実現した。中国は、現在すでに世界のニュース・出版大国である。国内では合わせて十数種類のメディア業態が発展しつつあり、新聞、雑誌、書籍、ラジオ、テレビ、映画などのメディアは、いずれも世界の上位に位置している。とりわけニューメディアは世界の先頭を走っている。ジャーナリストの数は四十数万人に達し、新聞出版事業、放送事業、それにインターネット事業に従事する人数は1000万人を上回り、その規模は巨大だ。とはいえ、先進国のニュース・出版事業と比べれば、ある程度の隔たりがあることも見落とすわけにはいかない。中国はすでにニュース・出版大国になったとはいえ、まだニュース・出版強国になったわけではない。我々が発展を続けなければならない余地はまだかなりあり、しかも新たに創造し開拓してゆくべき仕事は、なお大きな困難を伴うのだ。ニュース・出版事業の科学的な発展を実現し、中国を一日も早くニュース・出版強国にするために、これからの記者たちはさらにたゆまず努力奮闘し、道を切り拓きながら進まなくてはならない。また大先輩の記者の精神や品格を継承し、その優れた伝統を積極的に活かしつつ、「中国の特色ある社会主義」という大きな旗印を高く掲げ、鄧小平理論と「三つの代表」の重要思想を指導の拠りどころとして、科学的発展観を徹底的に実行しなくてはならない。そして、党中央の政策決定部署の要求を真剣に実行し、思想を解放して、事実に基づいて正しく行動し、時代の変化を踏まえて発展し、現実・生活・大衆に寄り添わなくてはならない。さらに、ニュースの発生地、被災地、戦場、伝染病発生地区などに深く入り込んで取材を行い、個々の報道、個々の写真、個々の映像を通じて、中華民族が富み強くなるという偉大な歴史の過程を生々しく描くべきだ。そして、中国が豊かに強くなり、人々が幸福になって、祖国を統一するために、精神的な力と知的な支持、それに世論の雰囲気を生み出すべきなのだ。

２０１２年11月、中国共産党の第18回全国代表大会が開かれ、習近平同志を総書記とする新しい党中央指導部は、中華民族の偉大な復興を成し遂げるという「中国の夢」を明確に提起した。中国をニュース・出版強国にすることも「中国の夢」の有機的な構成部分である。新しい遠征の道はすでに切り開かれたのだ。過去を振り返れば、波乱万丈の道のりだった。しかし、未来を展望すれば前途は明るい。まさにそのような時に、我々は『中国名記者列伝』を編集出版し、過去百年あまりの優秀な記者の責任と任務、それに業績と精神を示すことにした。先人たちの報道に対する経験と価値を総括するのは、ただ単に、先輩記者を追悼し、記念するためだけではない。今日の記者たちが、先人の足跡をたどることで、さらに発奮して実績を積み上げ、一生懸命前進し、今の我々のこの時代においても、その名に恥じない優秀なジャーナリストをめざして努力するよう導き、激励するためでもあるのだ。

目次

1 鑑湖の女傑

秋瑾

秋瑾《しゅうきん》（1875―1907）は、近代中国の民主主義のために身をささげた女性革命家。積極的に国を救い復興させる革命の流れに身を投じながら、もう一方では女性の教育と、封建制度という足かせからの解放に志を立てた。東京と上海で相次いで『白話』『中国女報』を創刊し、中国各界に国の復興と努力のための団結を促した。とりわけ1907年創刊の『中国女報』では、女性が男女平等と結婚の自由を勝ち取ることをテーマとし、中国の女性解放運動のために先頭に立って戦った。

鑑湖の女傑

１９０７年7月15日に正義に身をささげて亡くなるまで、秋瑾の短い一生は、日本へ渡った１９０４年を境に大きく二つにわけられる。日本へ赴く前に、彼女は結婚して子供を生み、新しい思想を学んだ。その後革命の道を歩み、男女平等と女性解放を唱えるようになった。事実上、秋瑾が最も輝いた時期は三、四年にすぎないが、その間に人々に敬愛される「英雄豪傑」となったのだ。[注1]

秋瑾は強靭な愛国精神を持ち、それはその詩や著作にもよく現れている。彼女は民主主義のために戦った近代中国第一の女性革命家であり、[注2]女性の教育と、封建制度という足かせからの解放を志したことが、多くの人に賞賛されている。１９０７年1月、秋瑾は上海で『中国女報』を創刊した。『中国女報』は、中国女性の拠り所となる新聞となって、全国の女性社会の団結を促し、「女性たちがはつらつと心踊らせ明るい世界へと疾走するための指針を示した」。この新聞は「目覚めた獅子の先駆け」「文明の羅針盤」となり、女性のために「きらきらと異彩を放った」[注3]。『中国女報』は男女平等と結婚の自由のための戦いを導き、封建社会で女性解放運動を進める先導役となった。

秋瑾の愛国心

秋瑾（１８７５[注4]—１９０７）、元の名を閨瑾《けいきん》、幼名を玉姑《ぎょくこ》、字は璿卿《せんけい》、号を旦吾《たんご》とした。日本に渡ってからの号を競雄《きょうゆう》、みずから「鑑湖《かんこ》の女傑」と称して、筆名を秋千《しゅうぜん》、漢侠女児《かんきょうじょじ》とした。[注5] １８７５年11月8

『中国女報』

日福建省厦門《アモイ》に生まれた。祖父は清の同治帝の頃科挙を受けて挙人となり、福建の府知事を補佐し、雲霄《うんしょう》庁副官代理、厦門海防庁副官を務めた。父は同じく同治帝の頃の挙人で、湖南郴州《ちんしゅう》の州知事、桂陽州の州知事代理を務めた。母の単《ぜん》氏は文学に長けていた。[注6]このような家庭のもと、秋瑾は幼い頃から優れた教育を受け、文芸を好み、経書や史書に精通し、[注7]その詩文は祖父に深く愛された。[注8]

秋瑾が少女時代に暮した厦門は、イギリス、アメリカ、フランス、ポルトガルなどの人々が行き来する貿易港で、清の役人はいたるところで外国の商人に対して忍耐を迫られていた。1884年7月、フランスの二隻の軍艦が閩江《びんこう》口《こう》に侵入し、8月4日に台湾の基隆を奪い取った。その頃秋瑾は母によくこう語ったという。「外国人はあんなにひどいのに、中国人は鼠みたいに逃げ回って、これじゃ奴隷になってしまうわ」[注9]

1900年、八カ国連合軍が北京を侵略し、秋瑾は父の手紙でこれを知って、『杞人憂《きじんゆう》』という詩を作った。「幽燕の烽火《のろし》はいつか収まっても、外国との戦いはまだ終わらないという。女の身でありながら国を憂えて恨み、髪飾りを兜にかえて戦えないものか」。[注10] このように国を憂い、国に報いたいと感じながら、どうすることもできない思いを詠んでいる。

　１９０２年秋瑾は夫に従って北京に移り、桐城《とうじょう》派の呉芝瑛《ごしえい》女史と親交を結んだ。その後、夫婦の心がすれ違うようになり、彼女は北京にいる間は新しい思想を学んだ。そして「中国の教育が不十分なことと、国権の不振を悲しみ」[注11]、１９０４年５月に決然と日本へ留学した。それに先立ち、滞在費用のため、秋瑾は嫁入り道具だった装飾品を売り払った。しかし戊戌の政変の巻き添えで投獄された寧河の王照が、釈放のために大金を必要としていることを知ると、彼女は毅然として、作った金を知り合いでもない王照に贈り、しかも彼女は自分の名を告げもしなかった。[注12] これは当時でも、そうあることではなかった。

　秋瑾の短い生涯で作った詩文からは、国や民族の命運を憂慮し、喜んで身をささげようという熱い思いが見て取れる。例えば１９０５年作の『黄海の船で日露戦争の地図を見る』で心のうちを詠んでいる。「遠くから雲が行き来して、海上で春雷のみを身に帯びる。地図の色が変わるのに耐え、山河で一戦を交えよう。一人の酒では憂国の涙をぬぐえず、才を集めて救うしかない。十万人が血を流しても、必死に取り戻さねば」。この詩で彼女は、列強の侵略行為に対して、強烈な怒りと非難を表し、同時に犠牲を恐れず、時勢を乗り越えて、当時の中国の命運を変えようと呼びかけた。彼女の帰国後に作られ、日本での経験によって、もはや愛国の情を持った令夫人ではなく、鮮明な闘争意識を備えた民主革命の闘士に成長していたことを物語っている。

十万人が血を流しても、取り戻すべきもの

1904年秋瑾は日本に渡航した後、東京で当時の留学生の政治的覚悟の乏しさを深く感じ、彼らを目覚めさせるため、演説会を組織し、『白話』の第一号を1904年の中秋節に刊行した。『白話』という雑誌の性質は、梁啓超の保皇党による『新民叢報《そうほう》』と対立するもので、清政府打倒を宣伝して、月に一冊発刊、値段は五十文だったが、残念ながら制約を受け、まもなく停刊となった。[注13]『白話』は日本で発行されたが、それ以外に、上海望平街の中国時報館のとなりにあった「小説林社」にも中国国内の販売所が設けられた。秋瑾は「鑑湖の女傑秋瑾」の署名で四号まで記事を載せている。雑誌の内容は激しい反清感情があふれており、例えば第一号の『中国史の情景』では、金・元・清といった少数民族の封建統治者を「蛮族」「よそ者」と罵った。現在では、このような文章は偏狭な民族主義とも見えるが、当時の人民が清政府の統治に反対し、新国家の設立と復興救国を強烈に要求していたことを反映している。

その年の秋、秋瑾は李自平（馮自由の妻）の紹介により、横浜で劉道一ら九人と共に三合会に加入し、「白紙扇の軍師」と称された。[注14]

1905年、秋瑾は学費を工面するために一時帰国し、陶成章の紹介で蔡元培《さいげんばい》と知り合い、二人は上海で面会して、それから徐錫麟《じょしゃくりん》の紹介により光復会に入った。同年7月、孫文が日本で同盟会を組織すると、秋瑾は真っ先に加入して、評議部議員と浙江省の指導者に推薦された。[注15]黄興《こうこう》が横浜で弾薬の製造場所を設け、秋瑾、方君瑛《ほうくんえい》、陳擷芬《ちんけつふん》、蔡蕙《さいけい》らが訓練に参加した。

1905年11月、日本の文部省が中国人留学生を取り締まる規則を公布したことから、秋瑾は国へ帰り、上海で同志たちと公立学校を創設して、帰国留学生が活動する機関を置いた。彼女は帰国する時、

王時則への手紙にこう書いている。「わたしは帰ったら、領土を取り戻せるようにしっかり計画するから、中原で会いましょう。結果がどうなるかわからないけれど、このまま余生をすごすなら、わたしの望みは一日だってかなないはしない。義和団事件のあと、わたしは命なんぞどうでもよくなって、うまくいかないなら、死んでも悔いはないわ。国を救うためには、一日も漫然としてはいられない。唐才常のあと、若沈尽《じゃくしんじん》、史堅如、呉樾《ごえつ》のように、そのために死んだ男は少なくないのに、女では聞いたことがないなんて、恥ずかしいことだもの。あなたたちといっしょにがんばりたい」

1906年、秋瑾は積極的に革命活動を展開し、上海で『中国女報』の準備をしたり、孫文のために革命資金を集めたり、新しい軍のなかで光復会の会員を受け入れたりした。爆薬を作る時にうっかり手を怪我したことさえあった。

1907年、紹興に戻って大通学堂という学校の責任者になり、体育のクラスを開設して、兵士を育てた。もともとは女兵士を募って体育で軍隊式体操を学ばせ、自ら率いて女性軍を編成したかったのだが、旧勢力の反対でかなわなかった。[注16] その後秋瑾は光復会を招集し、それぞれの所属部隊で「光復軍」を編成して、自ら軍制をさだめ、徐錫麟をリーダーに推して、武装蜂起を画策した。しかし7月の初めに徐錫麟が安慶での蜂起に失敗した後、浙江での計画が漏れた。秋瑾は早々に逃れられたはずだが、計画続行を主張し、撤退を拒否した。その後、大通学堂で他の革命同志との議論中にとらえられ、7月15日、処刑された。

女は英雄になれない、とは言わないで

１９０２年から１９０４年の間、秋瑾は夫と北京で暮し、『新民叢報』『蘇報』など、当時の進歩的な本や雑誌に触れる機会があった。彼女は妹の秋珵《しゅうてい》への手紙に書いている。「『新民叢報』の編集長を任されたら、うまくやれる気がしない。この辺りの女はみんな読んで理解するのが速くて、わたしの手本になってくれるの」[注17]

日本に渡ってから、日本語を学ぶと同時に、秋瑾は陳擷芬ら十人と共に共愛会を発足させた。彼女は、湖南第一女学堂に送った手紙に共愛会の趣旨をはっきり述べている。愛国、自立、学芸、団結こそが、「二億人の女性を学問に結び付けてくれる」[注18]。徐双韵《じょそういん》は『秋瑾伝』でこう書いている。「共愛会は近代中国の女性が初めて設立した愛国組織で、その趣旨として、清への抵抗、中原の回復、女性が従軍して傷ついた兵士を看護することを主張し、国内で女性教育を広めようとした」[注19]

秋瑾は自ら刊行した『白話』第二号に『謹んで中国二億人の女性に告ぐ』という一文を執筆し、纏足《てんそく》の反対、女性教育の提唱、男女平等などを主張した。秋瑾は、当時浸透していた封建社会の礼儀と伝統という足かせからの女性の解放を求め、引き続き国内で『中国女報』を創刊した。

長い準備ののち、１９０７年1月、『中国女報』が上海で発行された。社の所在地は上海北四川路厚徳里91号。『中国女報』は月刊で、今では二号しか残っておらず、文語と口語併用の、女性解放を宣伝した刊行物だった。秋瑾は『中国女報創刊の起草と趣意』のなかで、この新聞は「新しい風により、女性教育を提唱し、心をつなげ、団結し、いつの日か中国婦人協会を設立する基礎にしたい」と表明した。[注20]徐自華姉妹の資金援助１５００元により、秋瑾は１９０７年1月14日に『中国女報』第一号を出

版し、陳伯平が総編集長を務めた。[注21]

『中国女報』第一号は秋瑾の筆による刊行のあいさつ『謹んで姉妹たちに告ぐ』や、彼女の翻訳『看護学教程』が掲載された。主な執筆者は黄公、呂碧城、燕斌《えんぴん》、徐自華などで、経費が限られていたため、印刷の質は比較的荒かった。しかし第二号は上等の紙を使い、なかなか精巧で、発行人である秋瑾の刀を持った和服姿の写真が載り、黄公の『道徳説』、純夫の『女性教育』、会稽《かいけい》の挽瀾《ばんらん》女史の『女英雄独立伝』、呂碧城の『女性は急ぎ団結すべし』など、内容もさらに豊かになった。秋瑾は引き続き翻訳『看護学教程』と、その後十ページにおよぶ数編の詩を掲載した。

『中国女報』の趣旨は民主革命と女性解放の宣伝で、中国の民主主義革命期の最も影響力のある女性誌だった。[注22]第三号の編集はすで完成していたものの、[注23]秋瑾逮捕により出版できず、廃刊に追い込まれた。

秋瑾は読者である女性に向けて、彼女ならではの愛国的な覚悟を伝えた。国を愛することは全ての人の責任で、男女の区別はなく、子育て以外にも女性の愛国心を高める手段はあると述べた。家庭にいる女性を直接、社会という公共の場に組み入れ、男性と並んで義務を担おう、と呼びかけたのだ。[注24]

秋瑾の死後、友人や革命の志士が次々と様々な方法でこの女性革命家を追悼した。孫文は臨時大総統を辞したのち、自ら杭州にある秋瑾の墓をたずねて弔い、「女英雄」と書いた掛け物を贈った。死後五年の頃、浙江や湖南などで追悼会が開かれ、その盛況は『民主報』『時報』といった新聞で報道された。1957年、『人民日報』『開放日報』『文滙報』『浙江日報』『人民画報』などが文やイラストを掲載し、秋瑾の死後50年を記念した。1958年、浙江紹興人民委員会が秋瑾の旧居に「秋瑾記念館」を設立している。[注25]

注1　范文瀾：『女革命家秋瑾』、周芾棠、秋仲英、陳德和編集：『秋瑾史料』湖南人民出版社1981年版、第4頁。
注2　王暁秋：『競雄女侠伝序』、永田圭介著・聞立鼎訳：『競雄女侠伝』群言出版社2007年版、第1頁。
注3　『中国女報』発刊辞。
注4　秋瑾の生年には、1877年と1879年の説もある。ここでは陳象恭編著『秋瑾年譜及伝記資料』（中華書局1983年版）の説を採用、弟秋宗章の言葉による。秋瑾の生年についての争論は、周芾棠、秋仲英、陳德和編集：『秋瑾史料』湖南人民出版社1981年版、第209―220頁。
注5・6　陳象恭編著『秋瑾年譜及伝記資料』中華書局1983年版、第1頁。
注7　呉芝瑛：『秋女士伝』、周芾棠、秋仲英、陳德和編集：『秋瑾史料』湖南人民出版社1981年版、第20―21頁。
注8　秋宗章：『六六私乗』、周芾棠、秋仲英、陳德和編集：『秋瑾史料』湖南人民出版社1981年版、第42頁。
注9　秋高：『秋瑾軼事』、周芾棠、秋仲英、陳德和編集：『秋瑾史料』湖南人民出版社1981年版、第112頁。
注10　一説では1900年に秋瑾は夫と北京に来て、八カ国連合軍の北京侵攻を目撃したという（山石：『秋瑾年譜』、周芾棠、秋仲英、陳德和編集：『秋瑾史料』湖南人民出版社1981年版、第225頁）。ただし秋瑾が北京に向かったとき娘を母の家に預けたと推定され、その娘は1901年の生まれ。よってここではやはり秋瑾が北京にきたのは1902年という説を用い、八カ国連合軍の北京侵攻を秋瑾は直接見ていないことに。
注11　上海古籍出版社編：『秋瑾集』1991年版。
注12　徐双韵：『記秋瑾』、周芾棠、秋仲英、陳德和編集：『秋瑾史料』湖南人民出版社1981年版、第25頁。
注13　はっきりした号数については研究が待たれる。秋宗章の『六六私乗』では『白話』の出版は十号余りとされるが、徐双韵の『記秋瑾』では六号までという。中華書局出版の『秋瑾年譜及伝記資料』では現在国内で見られるのは三号までとのこと。
注14　王時則：『回憶秋瑾』、周芾棠、秋仲英、陳德和編集：『秋瑾史料』湖南人民出版社1981年版、第121頁。
注15　ここではまた違う説があり、陶成章の『浙案紀略』や、秋瑾の孫娘である王炎華の回想記（胡安権：『王炎華談她的外祖母秋瑾』『人物』1980年第3号）、徐双韵の『記秋瑾』では秋瑾はまず光復会に加入後、同盟会に入ったという。しかし馮自由の『鑑湖女侠秋瑾』（馮自由：『鑑湖女侠秋瑾』、陳象恭編著：『秋瑾年譜及伝記資料』、中華書局1983年

版、第66—68頁）では秋瑾はまず馮自由の紹介により同盟会に入り、その後にまた徐錫麟の紹介により光復会に入ったという。

注16　陶成章：『浙案紀略』。

注17　陳象恭編著『秋瑾年譜及伝記資料』中華書局１９８３年版、第14頁。

注18　上海古籍出版社編：『秋瑾集』１９９１年版、第33頁。

注19　同書、第26頁。

注20　秋瑾：『創辦中国女報之草章及意旨広告』、上海古籍出版社編：『秋瑾集』１９９１年版、第10頁。

注21　欧陽雲梓：『秋瑾評伝』中国社会科学出版社２０１１年版、第１５２頁。

注22　方漢奇：『関于中国的女報』、『読書』１９８５年第1号、第１４４—１４５頁。

注23　秋瑾：『致「女子世界」記者書』、上海古籍出版社編：『秋瑾集』１９９１年版、第52頁。

注24　魏玉蓮：『従「中国女報」解読秋瑾的女性解放思想』、『新聞愛好者』２０１２年第４号、第63—64頁。

注25　それぞれの記念の活動は陳象恭編著：『秋瑾年譜及伝記資料』中華書局１９８３年版、第１０７—１２２頁を参照。

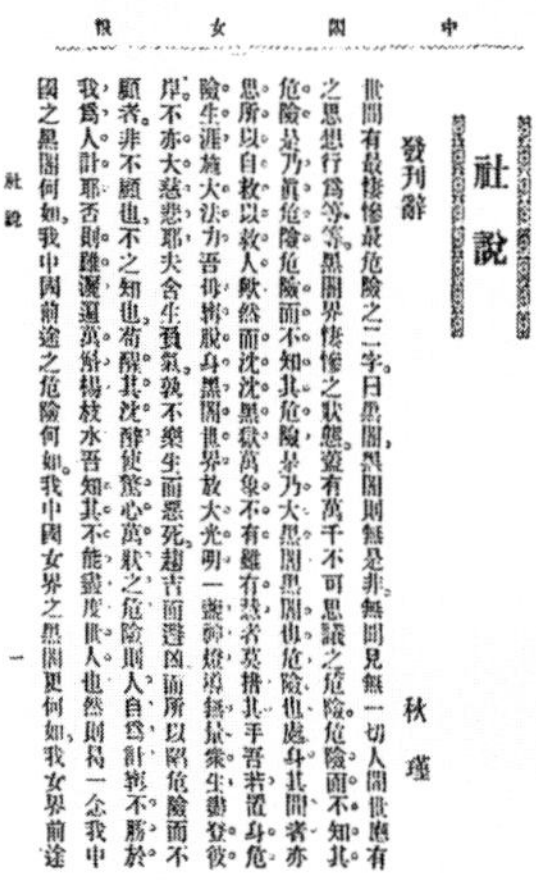
中國女報

社說

發刊辭　秋瑾

世間有最悽慘最危險之二字。曰黑闇，黑闇則無是非。無聞見無一切人間世應有之思想行爲等等。黑闇界悽慘之狀態。蓋有萬千不可思議之危險。危險而不知其危險是乃眞危險危險而不知其危險是乃大黑闇黑闇也危險也處身其間者亦思所以自救以救人歟然而沈沈黑獄萬象不有雖有慧者莫措其手吾若置身危險生涯施大法力吾毋寧脫身黑闇世界放大光明一盞神燈導無量衆生登彼岸。不亦大慈悲耶夫含生負氣孰不樂生而惡死趨吉而避凶而所以陷危險而不顧者。非不顧也不之知也苟醒其沈醉使驚心萬狀之危險則人自爲計寧不勝於我爲人計耶否則雖灑遍萬斛楊枝水吾知其不能援度世人也然則曷一念我中國之黑闇何如。我中國前途之危險何如。我中國女界之黑闇更何如，我女界前途

社說　一

『中国女報』創刊の辞

2　才知の記者　包天笑

包天笑《ほうてんしょう》（１８７６—１９７３）は、中国近現代の著名な記者、小説家、翻訳家。若くして故郷で新聞を発行し、その後上海に移って『時報』を編集、そして相次いで『小説時報』『小説画報』などの文学雑誌や、『立報』の文芸欄『花果山』の編集長を務めた。１９４８年に香港へ渡り、亡くなるまで居住した。包天笑は鴛鴦胡蝶派《えんおうこちょうは》と呼ばれる通俗文学グループのの代表的作家で、『留芳記』『春江夢』『上海春秋』などの小説や、翻訳『迦因《かいん》小伝』で知られ、一世を風靡した。彼はまた報道記者でもあり、経験豊富で、顔が広く、晩年の著作『釧影楼回想録』で、中国社会の文化史と地方風俗史にとても貴重な資料を残している。

才知の記者

包天笑（１８７６―１９７３）、元の名を清柱《せいちゅう》、または公毅《こうき》、字を朗孫《ろうそん》、筆名は拈花《ねんか》、天笑《てんしょう》、釧影楼主《せんえいろうしゅ》などで、特に天笑がよく知られている。中国近現代の著名な記者で、小説家、翻訳家。１８７６年江蘇呉県（今の蘇州）で生まれ、清朝末期に科挙に合格して、南社に加入。若くして蘇州で『励学訳編』『蘇州白話報』を創刊し、その後上海に移り、『時報』の編集のためニュースや評論を書き、『小説時報』『婦女時報』『小説大観』『小説画報』など多くの有名な文学雑誌で相次いで編集長を務めた。１９３５年、張恨水《ちょうこんすい》から引き継いで上海の『立報』の文芸欄『花果山』を編集した。盧溝橋事件の後、日本の侵略者への憤慨から積極的に『申報』『南京晩報』で記事を書き、『救亡日報』で抗日救国の政治評論や雑文を書いた。１９４７年上海から台湾へ渡り、翌年に香港へおもむき、１９７３年に病没するまで暮した。

包天笑は青年期に翻訳や文芸創作を始め、生涯筆によって暮しを立て、翻訳『迦因小伝』『馨児《けいじ》流浪記』、小説『留芳記』『春江夢』『上海春秋』などで知られ、一世を風靡した鴛鴦胡蝶派の代表的作家だ。晩年の著『釧影楼回想記』では、中国社会の文化史と地方風俗史にとても貴重な資料を残した。包天笑は作家と記者を兼ね、生涯を通じて文壇と新聞界で活躍し、「才知の記者」と称された。

記者人生の艱難辛苦

包天笑は貧しい生まれで、祖父が早くに亡くなり、父は親の顔を知らずに育ち、初めは商売を営んで、それから各地で役人になった。包天笑は6歳で師に教えを受け、幼い頃から古典小説を愛読した。17歳で父を亡くし、家はさらに貧しくなって、彼は仕方なく教師になり自活の道を歩んだ。19歳で科挙に合格、その後も塾で教え続け、日本語や英語、フランス語を学び始めた。その間、同じ志を持つ友人たちと蘇州で「励学会」を立ち上げ、東来書店を創立、月刊の『励学訳編』を出版した。東来書店は主に新しい書籍を刊行し、日本にいる留学生が出した『江蘇』『浙江潮』などの雑誌も委託販売した。中国地図や世界地図、東アジアの地図、文房具なども売り、商売は順調で、蘇州府の各県や郷鎮、そして常州、無錫《むしゃく》、嘉興《かこう》といったところにも影響をおよぼした。『励学訳編』は日本にいる蘇州の留学生楊延棟《ようえんとう》や楊《よう》蔭杭《いんこう》らが訳した日本語の本と雑誌が主な内容で、最初の何号かは七、八百部が売れ、蘇州や周囲の各県の他、国内の読者からも注文があった。わずか一年の刊行で、売り上げが減ったため停刊となったが、日本語翻訳の流行をもたらした。

『杭州白話報』に触発され、1901年10月、包天笑と従兄の龍子青《りゅうしせい》は共に『蘇州白話報』を創刊した。旬刊発行で、木版印刷、毎号8ページ、内容はまず口語の論説で、包天笑と龍子青が順に書いた。他には口語の世界ニュース、中国のニュース、現地のニュースなど内容は多岐にわたり、まさに、「すずめは小さくとも、五臓六腑を備えている」であった。『蘇州白話報』はアヘンや纏足、迷信の害、衛生など社会問題を重視し、「ときにはちょっとおもしろくて、はっとさせるような記事や、民謡を載せ、女性や子供を喜ばせた」[注1]。そして蘇州の発行所や二か所の販売所の他、上海の『中外日報』や杭州の『杭州白話報』などの新聞社、それから安慶、南昌、無錫、北京などに代理販売所を置いた。『蘇州白話報』は内容が簡明で、文章がわかりやすかったため、地方の読者に大いに歓迎された。

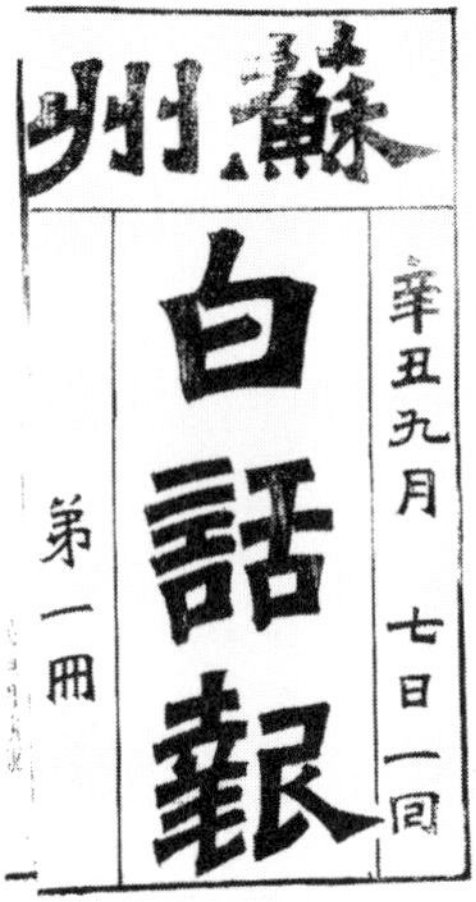

『蘇州白話報』

『蘇州白話報』の経営資金は龍子青によって提供され、編集、校正、発行などの事務は全て包天笑一人が受け持った。その負担は相当なものだったろう。包天笑がかなりの心血を注いだにもかかわらず、この木版雑誌は続かず、ついには部数に限りがあって、経費も不足したため、『蘇州白話報』はわずか二年で停刊となった。

１９０６年２月、包天笑は上海に移住し、時報館の狄楚《てきそ》青《せい》に招かれ、『時報』で他都市のニュースを担当し、付録の『余興』を編集した。時報館から『小説時報』が創刊されると、包天笑と陳景韓《ちんけいかん》が順に編集長を務めた。この刊行物は多くの若い作家を育て、のちに鴛鴦胡蝶派の中心となっていく。『婦女時報』も時報館が発行した雑誌で、最初の編集長は包天笑だった。彼は『包仲宣女史への弔辞』『最大の敬告』などの文章を書いて、新しい女性観や家庭観を広めた。

１９１２年、包天笑は張元済《ちょうげんさい》の招きで商務印書館の仕事も兼務するようになり、副読本『新社会』によって、国語の教科書編集に参入した。１９１５年から１９１７年まで、包天笑は続けざまに文明書局発行の『小説大観』と『小説画報』を編集した。1917年、彼と上海の記者たちは日本の新聞界の招きで訪日し、帰国後『日本の新聞に関する考察』を『時報』で発表した。1919年、彼は時報館を離れ、大東書局で『星期』、文華印刷公司で『女学生』などの雑誌を編集し、文壇や出版界に影響をおよぼした。1922年、文学団体の青社が創設され、社友に周瘦鵑《しゅうそうけん》、許廑父《きょきんふ》、胡寄塵《こきじん》、許卓呆《きょたくほう》、范烟橋《はんえんきょう》、畢倚虹《ひついこう》といった旧派の大物作家がいた。包天笑は青社に加入し、社の規則を起草して、機関誌『長青』の編集主任となった。その後、青社は星社に発展し、包天笑はそちらの社員にもなる。

1935年、張恨水から引き継いで、包天笑は上海の『立報』の文芸欄『花果山』を編集した。次の年、民族の危機は日増しに深まり、彼と魯迅、郭沫若《かくまつじゃく》、茅盾《ぼうじゅん》らが共同で『文芸界同人の団結と言論の自由のための宣言』を発表した。抗日戦争の勃発後、日本の侵略者への怒りから、積極的に『申報』『南京晩報』に記事を書き、『救亡日報』に抗日救国の政治評論と雑文を寄せた。

創作の筆は置かず

包天笑は中国近現代の優れた小説家でもあり、生涯筆を置くことはなく、翻訳と共に、教育小説、愛国小説、家庭小説、恋愛小説、人道小説など多彩なジャンルで二百篇近く創作し、『時報』『月月小説』『教育雑誌』『中華小説界』『消閑月刊』『半月』『紅玫瑰』『太平洋画報』『珊瑚』『上海生活』『申報』『南京晩報』『万象』『大上海』『大衆月刊』『風雨談』『茶刊』そして香港の『大華』など、多くの新聞雑誌に次々と発表した。長編でも短編でも、文語・口語のいずれでも、名作を送り出し、一世を風靡して、鴛鴦胡蝶派の代表的作家と目された。

初期には、外国文学の翻訳と文語の短編が中心だった。彼の最初の作品は楊紫麟《ようしりん》との共同翻訳『迦因小伝』だ。楊紫麟は包天笑の義兄弟で、当時上海の学生の中でも英語がうまかった。たまたま古書店でイギリスのハガードの長編小説の一部を手に入れたが、そのストーリーは林紓《りんじょ》の翻訳小説『茶花女遺事』にそっくりで、週末に蘇州から上海へ来る包天笑と共訳し、『迦因小伝』のタイトルで『励学訳編』に載せた。『迦因小伝』の発表時に「呉門天笑生」と署名し、これが筆名「天笑」の由来となった。林紓がまもなくこの本の全編を見つけ出し、完訳して、『迦因小伝』の名で商務印書館から出版した。林紓はわざわざ包天笑に手紙で仁義を切った。彼らの翻訳『迦因小伝』はすでに上海の文明書局で単行本が出ていたからだ。[注2]同じタイトルの二種類の本が同時によく売れたのは、文壇にとってもよい話だった。

1906年に上海に定住してから、包天笑は編集の合間に、長編口語小説を書き始めた。彼は「小説の王道は口語」と考えたため、1917年に『小説画報』の編集長に就任してから、大々的に口語文を提唱した。彼は『小説画報』創刊の言葉『短引』でその思いをこうつづっている。「私は小説界にたずさわって十余年になる。古い原稿を見てみると、翻訳が多く創作は少なく、文語が多く俗語は少なく、はなはだ気に病んでいる。文学の進歩の軌道は、必ず古語を俗語に変えねばならないと思う。春秋戦国時代の文章は俗語を多く用い、『楚辞』を見ても、墨子や荘子の頃の方言が出てくるのがその証拠だ」。包天笑の翻訳や創作小説は、まず新聞雑誌で連載し、それから出版社で本を出すことが多かった。例えば1928年、上海の中華書局で翻訳『千夜一夜物語』『異馬記』『求珍記』『神灯記』『魔鬼記』など13篇を『アラビアンナイト』としてまとめて出版した。1931年、中華書局はまた彼の『紀克麦再生案』『八一三』『空想花園記』『拿破論之情網』『波蘭遺恨録』などを出し、有正書局も『六号室』『鏡名写影』を出した。

包天笑の文学作品は、恋愛描写が多いものの、社会に有益で、道徳的な作品も少なくない。彼は編集長を務めた『小説大観』の『例言』という文章の中でこう表明している。「目的が正しく、社会に有益で、道徳的な作品をたくさん提供すべきで、軽薄でしまりがなくみだらな文など書くひまはない」。包天笑はかつて秋瑾を主人公に、その革命の事績をまとめて『碧血幕』を書き、曽孟朴《そうもうぼく》が創刊した『小説林』で発表した。彼の『馨児就学記』は一種の教育小説で、商務印書館から出ており、当時の教育次官だった袁希涛《えんきとう》が激賞し、表彰までされた。『一縷麻』は梅蘭芳《メイランファン》が京劇に改作して、上演後に大きな反響を生み、「感動した親が子の願いを聞き入れ、封建的な婚約を解除した」ともいう。[注3]

江南の思い出

１９４７年、包天笑は上海から台湾へ渡り、翌年に香港に居をかまえ、１９７３年に病没した。異郷に長く住めば、ふるさとが懐かしくなるものだ。ある年の秋、彼は急にふるさと蘇州のそら豆を思い出した。「江南の春から夏にかけて、新しいそら豆が市場にあらわれ、そのおいしいこと。熟せばまた使い道が広がり、モヤシや五香豆、それに大豆の代わりに味噌にもなる。台湾にきて、やっぱりそら豆をほしくなっても、台湾の農家はこれを作らず、どこの野菜市場でも見つからない」。彼は感慨を抱き、江南の故郷への思いを詩に託した。「家を出るとどこも桑や麻の畑で、段差の前を草花が占領している。江南の蚕を思い出し、豆を煮ていつも懐かしむ」。ある日、上海で通俗小説を書いている陳小蝶《ちんしょうちょう》が台湾へ来て、旧友と再会し、親身に上海や蘇州などの友達の近況をたずね、いつの間にか夜はすぎた。

１９４９年５月、包天笑は香港で『釧影楼回想録』を書き始め、『大華雑誌』や『晶報』で連載した。その後大華出版社でこれを本にまとめ、注目を集めた。「釧影楼」は彼が最も多く使用した筆名の一つで、金糸の腕輪を手放すことで友達を救済した立派な母を記念している。

包天笑はその一生のうちに社会の激しい移り変わりを経験した。彼は作家兼記者として、交友関係が広く、豊富な経歴の持ち主で、政情や世情、民情に対する深い考察と理解があった。彼はすがすがしい心持ちと、優しい筆遣いで、社会文化史と地方風俗史にとても貴重な資料を残した。

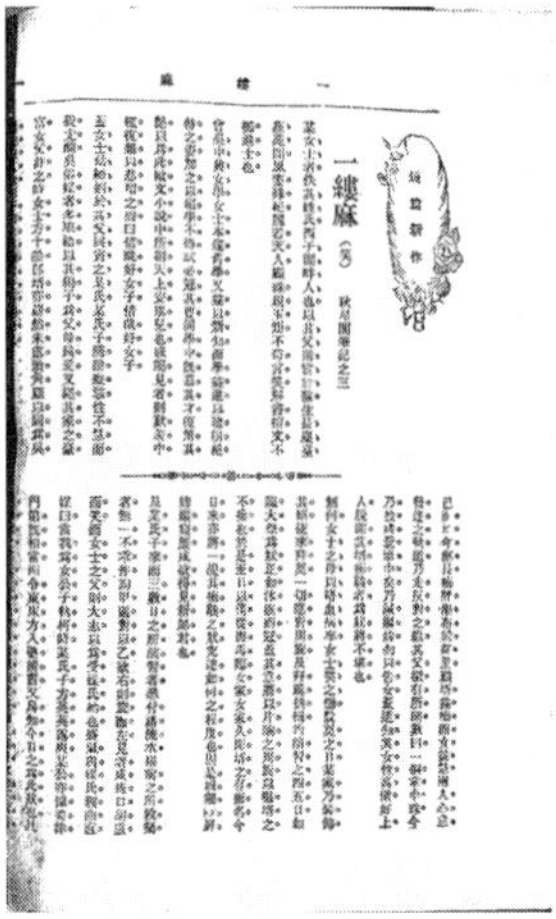
一縷麻

『一縷麻』

注１　包天笑：『釧影楼回想録』中国大百科全書出版社２００９年版、第１６９頁。

注２　包天笑：『釧影楼回想録』中国大百科全書出版社２００９年版、第１７３頁。

注３　梅蘭芳：『綴玉軒回想録』月刊『大衆』１９４３年２月。

3 四つの素早さを持つ記者 陳其美

陳其美《ちんきび》（1878―1916）は、著名な革命家。清政府打倒後、上海で軍の長官となり、東南地区で功を立てた。その後、孫文が発動した「第二革命」と護国戦争に従い、共和制を守って、国に殉じた。自ら多くの革命に関する新聞を創刊し、『民国日報』などの革命新聞の出版に大いに力を尽くした。于右任《うゆうにん》が創設した同盟会に協力して、重要な言論機関『民立報』の記者となり、話し方、頭の回転、計画、行動の四つが素早いことで賞賛された。

四つの素早さを持つ記者

陳其美、字は英士、浙江呉興（今の湖州市）の人で、1878年1月17日生まれの、著名な革命家だ。清朝打倒後、上海で軍事長官となり、江蘇と浙江の連合軍を組織して南京を奪還、東南地区を平定した。袁世凱が民国を盗み取って帝位につくや、孫文が発動した「第二革命」と護国戦争に従った。1916年5月18日、袁世凱が放った刺客によって、上海の住まいで殺害された。自ら多くの革命新聞を発行し、于右任が創設した同盟会に協力して、重要な言論機関『民立報』の外勤記者を務め、話し方、頭の回転、計画、行動の四つが素早い記者として称賛された。

民国創建と、「東南の鍵」

陳其美は裕福な商人の家に生まれ、6歳で私塾に入った。しかし、14歳の時に父が病没して、家庭が経済的に困窮したため、学業を中断せざるを得ず、石門県城（今の桐郷県崇福鎮）で商店の見習いになり、商売の道を学んだ。1903年に店を離れて上海で勉強したものの、生活が苦しく、仕方なく同康泰の生糸問屋で会計助手になった。

革命の風が吹き荒れるなか、陳其美は国家の危機にもかかわらず、自分が商売にたずさわっていることにだんだん不満を感じてきた。1906年夏、日本に渡り、東京の警察学校で学んだ。当時、同盟会はすでに設立から一年たっており、東京が中国の革命党人の活動の中心となり、日本に来た留学生は革命を志す者が多かった。陳其美はいつも気の合う学友と同盟会の機関誌『民報』を読んでは、才知ある人と親交を結び、そのなかにはのちに義弟となる蒋介石がいた。１９０６年10月、彼は留学生の刊行物『洞庭波』で『呉樾を悼む』という詩を発表し、「慷慨して大義におもむいた」革命烈士・呉樾への限りない敬慕の情を表した。同年の冬、東京で同盟会に入り、正式に革命陣営の一員となった。

１９０８年春、陳其美は香港を経由して上海に帰るまでに、江蘇、浙江、北京、天津を駆け巡り、同志と連絡を取り、組織を発展させ、国内の大規模な蜂起に備え、革命の実効性を高めた。当時、同盟会の上海における最高責任者は陝西出身の于右任だった。彼は仕事の重点を革命宣伝に置かず、陳其美は地の利を活用して、積極的に秘密結社や名士と連絡し、江蘇と浙江の革命運動を取り仕切った。彼は上海で秘密結社の青幇《チンパン》に加入し、しかもその首領となり、部下を酒場や茶店、劇場や銭湯に放った。[注1]彼と于右任らの努力で、沈縵雲《しんまんうん》、王一亭、虞洽卿《ぐこうけい》、葉恵鈞《ようけいこう》といった上海の資本家が次々と同盟会に加入した。

１９１１年４月、黄興、趙声らが起こした黄花崗《こうかこう》起義に失敗すると、同盟会は大きな打撃を受け、幹部たちは意気消沈し、悲観絶望する者もいた。１９１１年７月31日、陳其美や宋教仁《そうきょうじん》、譚人鳳《たんじんほう》らが上海で同盟会中部総会を設立し、東京本部を中心に据え、南部分会を友として迎えた。同盟会の「同じ目的があっても、同じ計画はなく、適切な人材はいても、適切な組織はない」といった弊害を克服しようと決意し、革命の重心を広東・広西から長江流域に着実に移した。[注2]陳其美は同盟会中部総会の庶務部長に推され、租界の馬霍路徳福里に総本部を設立して、長江流域の各省の革命運動と連携した。

同盟会中部総会は１９１３年に大規模な武装蜂起をすることに決めたが、思いがけず武昌の新軍が１９１１年10月10日に最初の蜂起で成功し、清政府は袁世凱を用いて、革命鎮圧のため北洋軍を南下させた。武漢の戦局が急転したことから、湖北の革命党人が暗号電報を打って、各省に蜂起して武漢の民を軍の圧力から守るよう要請した。11月4日、陳其美は同盟会の武装部隊を率い、商業団体と光復会の協力も得て、上海を解放した。11月6日、彼は上海の軍事長官に推された。続いて杭州、蘇州、鎮江を次々と解放し、東南の重要都市では南京だけがまだ清軍の手に残っていた。陳其美は上海軍事長官の立場で、南京を攻め、江蘇・浙江連合軍の組織を提議し、江蘇の長官・程徳全と、浙江の長官・湯寿潜《とうじゅせん》の賛成を得た。江蘇・浙江連合軍司令部の総兵站を上海に置き、陳其美は「昼夜を分かたず、各方面の計画を練り、なんとか調整し、全てがうまくいくように、全力で作戦を立てた」。12月2日、江蘇・浙江連合軍は南京を攻め落とし、これによって東南を平定した。独立した各省の代表が上海に集まり、中央政府の設立を協議して、陳其美は南京を首都に定め、帰国した孫文を元首に迎えようと強く主張した。29日、各省の代表が孫文を中華民国臨時大総統に推挙した。陳其美は、孫文が南京で就任宣誓するための護衛部隊を派遣し、1912年元日、中華民国成立がついに宣言された。

辛亥革命において、孫文は陳其美の働きを高く評価した。「上海で東南の鍵を握った」「一木の支えとなった」と称え、武昌蜂起で最も早く呼応し、全国に最も大きな影響を与えた、第一革命の「最大功労者」だと述べている。[注4] 孫文の評価は持ち上げすぎとしても、陳其美が長期に渡って江蘇・浙江を管理し、懸命に仕事をこなして、上海を解放、東南を平定する基礎を固めたことは確かだ。

殉国

陳其美は上海軍事長官に就任し、上海軍政府を創設したのち、治安を維持し、悪税を廃止し、社会習俗を改革して、軍事費を調達し、新しい統治秩序を構築するため大いに働いた。しかし陳其美は政治的には度量がせまく、策を弄して、何度も各方面から非難を浴びた。特に彼は蒋介石と通じて、1912年1月13日の夜、革命の同志である、光復会のリーダー陶成章を上海広慈医院で暗殺し、味方を裏切ったことで責め立てられた。

1912年2月、南北和議が成立し、宣統帝（溥儀《ふぎ》）が退位して、孫文は臨時大総統の職を辞し、袁世凱があとを継いだ。3月、袁世凱は北京で大総統となって、陳其美の指揮権を解除、彼を唐紹儀内閣の工商総長に任命した。陳其美はこれが袁世凱と江蘇立憲派の罠だと見抜き、上海でまだ仕事があることを口実に、着任を遅らせ、唐内閣が倒れた機に乗じて辞職した。7月31日、江蘇の軍事長官・程徳全が袁世凱の命を受け、上海軍政府とその軍を接収し、陳其美の軍事長官としての歳月は終わりを告げた。

軍を去ったのち、陳其美はもともと計画していた国外での事業は果たせず、責任内閣制をもって総統の権力を制限しようと提唱していた、国民党理事長代理の宋教仁が1913年3月20日、袁世凱の手の者に上海で暗殺された。この宋教仁事件の発生後、孫文をはじめとする一部の党員はただちに兵を挙げて袁を討つべきだと主張した。しかし、陳其美と別の党員は反対して、民国はすでに成立しており、法にのっとって解決すべしと主張した。6月、袁世凱は国民党籍である広西軍事長官の李烈鈞《りれつきん》、広東軍事長官の胡漢民、安徽軍事長官の柏文蔚《はくぶんい》の罷免を命じ、国民党員は激怒して、「第二革命」によって武力で袁を倒そうと決めた。広西、南京などの党員が蜂起してから、陳其美も上海で兵を挙げ、上海の袁討伐軍総司令官に任命された。しかし各地の袁討伐軍はみなうまくいかず、9月、「第二革命」は失敗して、党員は次々と海外へ逃げた。陳其美は上海租界に潜伏して活動を続けたものの、やはり思うようにいかず、ついに孫文の誘いで日本へ渡った。

　孫文は「第二革命」失敗の主な原因は、国民党がまとまらず、服従せず、特に「リーダーの命令に従わなかったこと」だと考え、国民党の中華革命党への改編を決めた。そして、入党者には必ず宣誓させ、拇印を押し、絶対自分に服従することを求めた。このような旧式の組織編制は黄興らの強い反対を受けたが、陳其美はきっぱりと支持し、これが孫文と黄興の両派の微妙な亀裂を招いた。１９１４年７月、東京で中華革命党が成立し、陳其美は総務部長を任され、党内で孫文総理に次ぐ地位を得た。

　１９１５年２月、陳其美は密かに上海に戻って長江方面の袁討伐軍を指揮し、半年活動したが、進展はなかった。８月、東京に引き返し、孫文主宰の軍事会議に出席し、まず袁世凱の勢力が比較的手薄な西南に着手して、それから全国展開を計ろうと提案した。陳其美の提案は参加者全ての賛成を得て、彼が西南の作戦を主導し、積極的に雲南・貴州で蜂起することを決議した。10月、彼は帰国して上海から西南に向かうところ、上海の陸海軍がどんどん敵側に帰順していくため、党員が彼に残って作戦を指揮してほしいと要請した。陳其美は孫文に電報を送り、同意を得て、上海司令長官に任命され、西南行きは取り消し、上海で組織改革に取り組んだ。中華革命党の絶大な力を利用して、袁世凱の腹心で上海鎮守使の鄭汝成《ていじょせい》を暗殺し、巡洋艦「肇和《ちょうわ》」を奪い取った。

　１９１５年12月、袁世凱が帝制を宣告するや、唐継尭《とうけいぎょう》、蔡鍔《さいがく》が西南で反袁世凱の護国戦争の幕を切って落とした。翌年２月、孫文は陳其美を江蘇・浙江・安徽・広西四省の総司令官に任命して、彼が東南で局面を打開し、中華革命党が護国戦争で勝利することを望んだ。陳其美は党員への影響力と行動力があり、袁世凱にとって邪魔な存在だった。袁世凱の手先は、陳其美が蜂起のために軍事費を急ぎ必要としていることを察知し、殺し屋を放って、中華革命党のスパイを通じて陳其美に会い、鴻豊炭鉱会社が鉱山を抵当にして外国企業から融資を受けようとしているとでっち上げ、彼が仲介してくれるなら、成立後にその金の四割を軍事費として提供すると持ちかけた。陳其美は罠にかかり、1916年5月18日、偽の書類を持って現れた殺し屋に、薩坡賽路の住居で銃殺された。

記者の素養とは

陳其美はプロの革命家であり、冒険心に富み、実務を尊んだものの、世論に訴えることも重視して、革命新聞を創刊し、記者としても活動した。彼は少年時代から新聞を読み慣れていた。石門の商店で見習いをしていた頃、新しい新聞が次々と現れた上海の風潮に、すでに触れている。石門から上海まではわずか百里あまりで、比較的早く上海のいろんな新聞を読め、陳其美は「日々上海の新聞を読んで、世界のニュースと中国の国情を知り、勉強した」。[注5]

1908年、陳其美が日本から帰国したのは革命勃発の秋で、彼は党員数人と漢口のイギリス租界で、「文明を広め、世論を代表する」ことを目的とする『大陸新聞』の創刊を準備した。株式を募集し、創刊の間ぎわまでこぎつけた。しかし両江総督だった端方偵が『大陸新聞』は革命党の機関誌だと知り、陳其美らが新聞創刊に名を出し、反清革命に従事していることを、密かに湖広総督の趙爾巽《ちょうじそん》に伝え調査に乗り出した。友人がこの情報をすぐ陳其美に知らせ、彼は素早く漢口を離れ、『大陸新聞』は結局創刊されなかった。

1910年、陳其美と革命同志は上海で『中国公報』『民生叢報』を相次いで刊行した。『中国公報』

は日刊で、1910年1月1日に創刊し、陳其美、陳毓川《ちんいくせん》、陳去病《ちんきょへい》が編集と発行人を務めた。主な内容は論説、特電、短評、世界ニュース、国内ニュース、小説、漫画などで、中国の国内以外では日本でも販売し、だいたい1910年3月以降に停刊となった。[注6]『民生叢報』の表紙は『民生報』となっており、隔週刊で、1910年5月23日に創刊され、編集部は陳其美の秘密連絡機関の馬霍路徳福里に置かれた。編集と発行人には陳匡《ちんきょう》の署名があるが、実際の責任者は陳其美と姚勇忱《ようゆうしん》で、記者には雷昭性、林白水、坦廠《たんしょう》らがいた。刊行のあいさつ『大きな民の声』では、創刊の目的を「民の心を奮い立たせ、祖国の魂を目覚めさせる」ことだと掲げた。『民生叢報』は論理的な文章で、横暴な国賊が主権を踏みにじり、結社を弾圧し、人民の気勢をくじいた罪を厳しく責め、清政府が準備する立憲制の虚偽性を暴き、立憲制は「中国の今日の情勢において、全くの無益で、むしろ危険が増す」と指摘した。[注7]これもわずか二号で停刊となった。『中国公報』と『民生叢報』は出版時期が短かったとはいえ、他の革命新聞と共に強力な世論を形成し、辛亥革命の勃発のために民衆を奮い立たせた。

　陳其美が最も称賛された報道面の経歴は、于右任が創刊した『民立報』に協力したことで、外まわりの記者として働いた。『民呼日報』『民吁日報』が発禁になってから、于右任は1910年10月11日に上海でまた大がかりな日刊新聞『民立報』を創刊し、革命を宣伝し続けた。『民立報』は同盟会にとって国内で最も重要な言論機関で、同盟会中部総会の成立後、その機関紙となった。陳其美の他には、中堅党員の宋教仁、呂志伊、范鴻仙、邵力子《しょうりきし》、馬君武、景耀月らが相次いで『民立報』に参加し、総編集長や特任記者を務め、多士済々で強力な顔ぶれだった。外まわりの記者としての陳其美は、話し方、頭の回転、計画、行動の四つが素早いことで名高く、取材して数多くの記事を発表し、同僚たちに賞賛された。

陳其美は自ら新聞を発行しただけでなく、他の革命新聞の出版を支援した。1912年4月、姚雨平と葉楚傖《ようそそう》が創刊した『太平洋報』――これは中華民国成立後に同盟会が上海で出した一番大がかりな日刊新聞で、陳其美は全ての活字と印刷設備を贈った上に、たびたび経済的に援助した。1916年1月に中華革命党は上海で『民国日報』を出版し、袁世凱を倒すための記事を載せたが、これらは全て陳其美の大きな支持に頼っていた。

注1　李新、孫思白主編：『民国人物伝』第一巻、中華書局1978年版、第106頁。
注2　『中国同盟会中部総会章程』『中国同盟会中部総会成立宣言』『辛亥革命在上海史料撰集』上海人民出版社1966年版、第7―9頁。
注3　秦孝儀主編：『陳英士先生紀念集』台北中国国民党中央委員会党史委員会1977年版、第59頁。
注4　莫永明、范然：『陳英士紀年』南京大学出版社1991年版、第365―366頁。
注5　何仲簫編：『陳英士先生年譜』、張学継著：『民国前駆―陳其美』蘭州大学出版社2002年版、第7頁。
注6　方漢奇主編：『中国新聞事業通史』第一巻、中国人民大学出版社1992年版、第880―882頁。
注7　方漢奇：『中国近代報刊史』下冊、山西人民出版社1981年版、第493頁。

上海軍政府宣言書

竊自滿清爲虐，盜我中華，同胞之深仇巨恥未報者，二百餘年矣。屠殺之慘，歷歷在目，縱淼脊骼，未敢或忘。詎意滿清今復梟毒，假立憲之妖名，行防漢之詭計，捺吾四百兆神明子孫之肝膽，以供養彼五百萬之犬羊賤種，猶復頤指氣使，視漢人若牛馬，苛稅則無不加，而彼滿奴則不耕而食不織而衣也，權利則無往不削，而彼滿奴則擁大權軋大柄也。而日橫死於滿清虐政下者，於茲不勝屈。又何一非黃帝子孫，我親愛之同胞也！以是我軍政府，起光復之師於武昌，不旬日而克復三鎮，天下響應，共起義兵，誓討北虜，盡靖神州。自兵興以來，皆爲救我同胞於異族虐政之下，拯我同胞於水深火熱之中。以故市民安堵，雞犬不驚。蓋我軍政府以愛種愛國爲心，故不惜肘矢石爲同胞請命。凡我同胞，均須共體此義。滿將蔭昌，敗屢北，今我秦晉革命軍，現已分兵直搗幽燕，達倫逃亡，將不崇朝，即可全復天下。我蘇浙各省，據長江下流門戶，形勢重要。故我江東軍命市，於九月十三日，起義於上海，以安商業，以寧民居，各守生業，毋相驚恐。有急於大義者，其各來歸。蓋滿惡昭昭，自於天下，胡運已絕，漢族方興。凡我三吳健兒，均當效忠於祖國，以殄共和之基。不當盡力於滿奴，以貽萬世之辱。而滿洲將士，其有棄逆投順者，亦概不加誅，視之同等。本軍政府又念我蘇浙等省，民困已久，暴征苛稅，是皆滿清之爲。而江南水荒，收穫寡少，諒

· 71 ·

『上海軍政府宣言書』

4　「冷血」な時事評論家　陳景韓

陳景韓《ちんけいかん》（1878―1965）は、近代中国の著名な記者で、時事評論家、また創作と文芸翻訳で名高い。初期には『時報』の主筆を務め、のちに申報館社主の史量才に大金で『申報』の総編集長として引き抜かれ、この新聞で18年間論評の仕事を主導し、史量才の片腕として、『申報』を大新聞の地位に押し上げた功績がある。陳景韓は新聞で「時評（時事評論）」の文体とコラムを創始し、その文章は短く力強く、冷徹で、「冷血体」と呼ばれ、一世を風靡した。

「冷血」な時事評論家

陳景韓、またの名を陳冷、「冷」「冷血」「無名」「不冷」「景」「華生」「新中国の廃棄物」などの筆名を用いたこともある。1878年11月25日江蘇省松江（今の上海市に属する）に生まれた、清朝末期から民国初期にかけての小説家、翻訳家、著名な記者で、時事評論家だ。かつて『時報』の主筆を務め、「時評（時事評論）」の文体とコラムを創始し、その文章は短くて力強く、冷徹で、一世を風靡した。長期に渡って『申報』の総編集長を務め、取材と記事においては、正確に・速く・幅広く、という三原則を打ち出し、申報館社主の史量才に厚く信頼され、『申報』を大新聞の地位に押し上げた。

『時報』の主筆　中国のディレーン

陳景韓は科挙に合格した後、1897年に武昌武備学堂に入学して、新しい思想を学び、積極的に湖北の革命結社に参加した。湖広総督の張之洞によって指名手配され、取り成しがあったのちにうやむやになった。1899年日本に渡り、早稲田大学で文学を専攻した。彼は日本でたくさんの志ある人々と出会い、そのなかにはのちに上海で『時報』を創刊する狄楚青がいて、その思想は康有為や梁啓超の変法への賛同から、孫文への支持へと変わっていき、『興中会後期革命同志名簿』に名を連ねた。[注1]

1902年暮れ、陳景韓は留学から戻り、上海の革命派新聞『大陸報』（1902年12月9日創刊）の記者になり、その後主筆を務め、簡潔な言葉で『時事評論』を書き、のちの「時評」の文体を固めた。

１９０４年６月12日、狄楚青は康有為や梁啓超の支援を受け、上海で改良派の新聞『時評』を創刊し、陳景韓を主筆として招いた。狄楚青は「もともと反清思想を持っていたが、唐才常の失敗を振り返って考え方を変えた。そして新聞を創刊するには、革新世論を取り入れて、冷血な頭脳で刷新すべきと考え、彼を主筆に招いたのだ」[注2]。

『時報』創刊の頃、上海にはすでに『申報』『新聞報』『字林滬報《じりんこほう》』などの中国語の大新聞があり、業界はかなり激しく争っていた。新勢力として抜け出すため、『時報』は業務改革を徹底し、特に評論の数を増やした。『時報』は『論説』以外の評論に、『時評』欄を創設し、その日の重大ニュースを、簡潔にまとめた論評として掲載した。この新聞の『時評』は三つの欄に分けられている。『時評一』は主に国内ニュースを論評し、『時評二』は各都市の重大ニュース、『時評三』は上海の重大ニュースを論じた。『時報』の「時評」はそれまでの新聞評論が冗長だったのを改め、その時節に合わせただけでなく、簡潔でわかりやすくしたため、読者に大いに受け入れられ、他の新聞の手本となった。『時報』は「独創的で、周りに流されず、時評欄を創設したように、分けて論説し、要点を押さえていた。……今でも各新聞はこのやり方にならっている」[注3]。

陳景韓はすぐに『時評一』の記事を担当した。『時評は人を目覚めさせ、冷たい心を熱し』、袁世凱の帝制、粤漢《えつかん》鉄道の敷設権、アメリカ人の中国人労働者虐待などの事件で、陳景韓の書く時評は鋭く急所を突き、「冷血体」と呼ばれた。当時ある人がその冷血なところを、ロンドンの『タイムズ』のディレーン（１８１７―１８７９）になぞらえ、中国の読者は陳景韓の時評を、イギリスの読者がディレーンの評論を読むように、読むことができると感じたという[注4]。

陳景韓は『時評』において、文体を変革し、さまざまなテーマを打ち出したことでも貢献している。『時報』創刊後、陳景韓の「冷」や、包天笑の翻訳小説で「笑」の署名が毎日見られ、ときには二種類載る日もあり、文学青年たちの興味を引きつけた。「冷血先生が口語で訳した小説は、当時の翻訳界で確かに優れたものだった。彼は自分でも一、二篇の短編小説を書き、『ホームズ中国へ』などは、中国人が書いた新しい短編小説として、最初の歴史的な作品といえる」[注5]。

1909年10月より、陳景韓は包天笑と共に上海有正書局で、月刊『小説時報』を編集した。

『申報』を大新聞に

1912年10月、史量才が『申報』を引き継いだ。彼は高給によって陳景韓を『時報』から引き抜き、総編集長として『申報』に招いた。

陳景韓は『申報』加入後、真っ先に『時報』での時事評論の経験を『申報』に取り入れ、評論の影響を高めた。彼の『申報』で発表した最初の時事評論『嗚呼、政府の失敗』に、その辛辣さは見て取れる。彼はまた、現代の新聞はニュース性を強めねばならず、毎日いくつかの目立つニュースが必要で、料理屋の有名料理が客を引き寄せるようなものだと主張した。もちろんニュースには余計なものを取り除き、短くて詳しくなくてはならない。1922年に『申報』に載った『昨日、溥儀が弁髪を切る』というわずかな字数のニュースが、この思想を代表している。ニュースには客観性と真実が必要で、無分別に記事を載せることに反対し、出来事を羅列するだけ、人の言行を記録するだけの記事に反対した。そして、取材して書くには、一に確かさ、二に速さ、三に幅広さが大事だと要約している。このニュースの「三原則」は『申報』の記者の編集の心得となり、他社の記者にとっても見習うところだった。[注6] 第三に、「新聞は社会の公器である」と提唱し、その言論は独立せねばならず、政府や経営者に左右されず、私情も差し挟んではならない、とした。

北洋政府の時期、言論が制限され、異論は抑圧された。史量才は『申報』を存続させるため、記事を中立的にやわらげ、新聞の経営管理に力を入れた。このような環境のもと、「冷えた血は再び熱しがたく」、陳景韓は「世渡りに長けた、時勢に従順な編集長」となった。[注7] 実際のところ彼は政府の無能を見抜いており、呼びかけるでもなく、ただ間接的に情勢を暗示するのみだった。「陳君はおだやかに舵を取り、この荒れ狂う波のなか、船をゆらさず、倒れもせずにいるのは、容易ではなかった、と史量才はつねづね語っていた」[注8]

1930年5月、陳景韓は編集長の職を辞し、『申報』を離れた。結局彼は『申報』に18年近く勤め、経営責任者の張竹平と共に、史量才の左右の腕として、『申報』を大新聞の地位に押し上げたことになる。

幕僚を拒み、実業で国を救う

報道界で大きな影響力を持つ『申報』の編集長として、陳景韓はやはり蒋介石が引き込もうとする対象だった。1928年、蒋介石は陳景韓を誘って廬山《ろざん》に登り、兵法について語った。彼は「蒋介石に厚遇されていると感じ」、事件があるたびに、蒋介石本人が必ず上海に彼を訪ね、「冷血」の見解を聞き、「報道の見解を知りたい思いが、やがて個人的な会話に変わったのだろう」[注9] 1928年、史量才はファーガソンから『新聞報』の株式を購入して、当局との対立が生じたが、陳景韓が蒋介石と協議したことで、ようやく緩和した。
しかし、陳景韓は最後まで陳布雷のように蒋介石の幕僚になることはなかった。1931年、国民党は彼に政府の文官長や党の宣伝部長などを担当するよう要請したが、全て断った。抗日戦争の勝利後、『申報』は国民党CC団が掌握し、新聞を主宰するよう求めたが、彼ははっきりと拒んだ。それでも新聞の題字の下に総編集長陳景韓の名が載り、毎月小切手で、給料を送り付けられた。彼は返却したものの、新聞には彼の名が載り続けた。新聞社側と交渉するよう人に勧められたが、彼はこう答えた。「世の中に同姓同名は多く、『申報』の陳景韓は、別の陳景韓で、私とは関係ありません」[注10]
陳景韓は『申報』を離れたのち、銭新之《せんしんし》の求めで江蘇財団の中興炭鉱の副理事長などの職に就き、1950年10月まで勤め上げた。彼は中興炭鉱の管理に20年間に渡って従事し、地下のパイプラインの改造を指揮し、炭鉱労働者の待遇と教養を高め、炭鉱に学校などを創設し、実業で救国の道を歩んだ。
1956年から、陳景韓は上海市の第二期から第四期の特別招致委員を務めた。晩年の生活は苦しく、中風で動けず、意識もはっきりしなかった。1965年7月6日上海で病没、享年87歳だった。

注1　馮自由：『革命逸史』第三集、中華書局1981年版、第65—66頁。
注2　鄭逸梅：『報壇耆宿陳冷血』、朱孔芬選編：『鄭逸梅筆下的芸壇逸事』上海書画出版社2002年版、第187頁。
注3　曹聚仁：『陳冷血的時評』『20世紀上海文史資料文庫』(6)、上海書店出版社1999年版、第23—24頁。
注4　戈公振：『中国報学史』上海古籍出版社2003年版、第176頁。
注5　方漢奇主編：『中国新聞事業通史』第二巻、中国人民大学出版社1996年版、第188頁。
注6　宋軍：『申報的興衰』上海社会科学院出版社1996年版、第93頁。
注7　包天笑：『釧影楼回憶録』中国大百科全書出版社2008年版、第411—412頁。

注8　曹聚仁：『陳冷血的時評』『20世紀上海文史資料文庫』（6）上海書店出版社1999年版、第24頁。
注9　鄭逸梅：『書報話旧』学林出版社1983年版、第188—189頁。
注10　曹聚仁：『陳冷血的時評』『20世紀上海文史資料文庫』（6）上海書店出版社1999年版、第25頁。

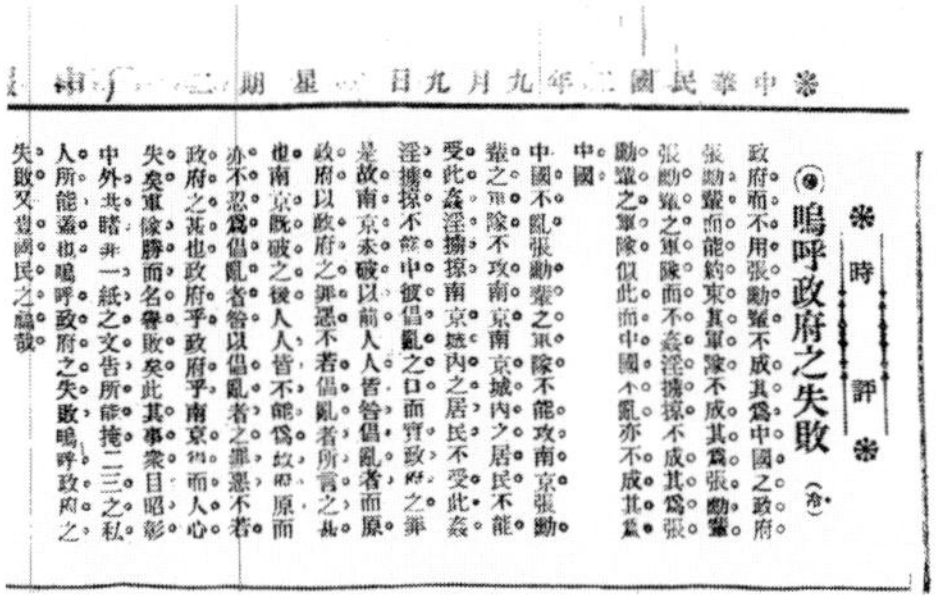
中華民國二年九月九日　星期二

時評

嗚呼政府之失敗（冷）

政府而不用張勳輩不成其爲中國之政府張勳輩而能約束其軍隊不成其爲張勳輩張勳輩之軍隊而不姦淫擄掠不成其爲張勳輩之軍隊似此而中國不亂亦不成其爲中國

中國不亂張勳輩之軍隊不能攻南京張勳輩之軍隊不攻南京南京城內之居民不能受此姦淫擄掠南京城內之居民不受此姦淫擄掠不能中彼倡亂之口而實政府之罪是故南京未破以前人人皆咎倡亂者而原政府以政府之罪惡不若倡亂者所言之甚也南京既破之後人人皆不能爲政府原而亦不忍爲倡亂者咎以倡亂者之罪惡不若政府之甚也政府乎政府乎南京而人心失矣軍隊勝而名譽敗矣此其事衆目昭彰中外共睹非一紙之文告所能掩二三之私人所能遮也嗚呼政府之失敗嗚呼政府之失敗又豈國民之福哉

『嗚呼政府之失敗』

最近之五十年

二十年來記者生涯之回顧

五十年中之二十年

『二十年来記者生涯之回顧』

5　革命の元老記者　于右任

于右任《うゆうにん》（１８７９―１９６４）は政治家、民主革命の元勲、詩人、書道家、そして革命の理想と自由な色彩に満ちあふれた報道記者だ。報道と革命を結びつけ、辛亥革命の前後、集中的に新聞を創刊した。１９０７年の『神州日報』に始まり、『民呼日報《みんこにっぽう》』『民吁日報《みんうにっぽう》』『民立報』と続き、革命世論の形成と革命派の思想や主張の宣伝に力を注いだ。そして清末民初の大きな社会の変革と政治の激動の時代に、世論を導く役割を果たした。

革命の元老記者

近代中国の歴史で、于右任は多くの役割を演じた。彼は政治家で、民主革命の元勲だった。草書と詩作において並ぶ者がなく、残された秀作が今なお賞賛を受けている。教育者で、復旦大学の創設に功があった。革命の理想と自由な色彩にあふれた著名な記者だった上、また報道と革命を結びつけた社会の実践者でもあり、「元老記者」として称賛された。于右任が報道界で活躍したのはその人生の中でわずか五、六年の間にすぎず、全ての新聞創刊が辛亥革命の前後に集中している。1907年の『神州日報』に始まり、中華民国の官報『民立報』まで、革命世論を形成して、革命派の思想と主張を詳しく宣伝した。清末民初の巨大な社会の変革と政治の激動の時代に世論を導き、その光は中国百年の報道史上に輝いている。

牧童の愛国への目覚め

于右任、元の名を伯循《はくじゅん》、字は誘人《ゆうじん》、世の人は「右老」と尊称した、陝西三原県東関河道の人。于右任の家は貧しく、父の于宝文は生計に追われて遠く四川で働いた。母の趙氏はまもなく病で世を去り、三歳にも満たない于右任は伯母の房氏のもとで育てられた。房氏は善良な働き者で、典型的な中国の勤労婦人だった。彼女は于右任を実家へ連れて行き、苦労しながら自分の子と同じように養育した。混乱の時代で、幼児と寡婦の生活はかなり大変だった。五、六歳で于右任は、羊の放牧によって家計を助けた。

彼は、晩年の著作『牧童の自伝』で、幼い頃の貧しさを語っている。幸い伯母は優しく、教育を受けさせてくれた。1885年、于右任は村の私塾に入った。1889年、師匠で陝西の有名な儒家・毛班香から、最良の教えを受けた。1895年、16歳の于右任は、周囲の予想通り科挙に合格し、県の学校に入った。1898年の試験で一位の成績をとって官費生となり、陝西提督の葉爾愷《ようじがい》に「西北の奇才」と称えられた。その頃、清朝は終末期を迎えつつあり、新しい思想や西洋の学問が古い中国に吹き荒れていた。康有為と梁啓超が『万国公報』で科挙の廃止を声高に叫び、有識者の間でも科挙はすでに時代遅れとされたため、于右任は険しい革命戦士の道を歩むことになった。

　于右任が子供時代から見てきた農村は貧しく、彼は、清朝の腐敗と没落、庶民の生活の苦難を身にしみてわかっていた。大人からも「満州族はわれわれとは違う」という民族思想を教えられたため、清朝への不満がうっ積し、素朴ながら強い民族意識と愛国思想がはぐくまれた。1900年春、于右任は陝西中学で学んでいた。地方長官の岑春煊《しんしゅんけん》が教師と生徒に、都から逃げてきた西太后と光緒帝をひざまずいて迎えるよう求めた。于右任は岑春煊に、西太后を殺して新しい政治を起こすよう扇動した。素朴な愛国主義が反清反満の形で、その頃から早くも現れていたのだ。革命思想と民族意識は于右任の思想のなかで日々深まり、国の興亡と時の政治を非難する詩を作り、『半哭半笑楼詩草』を編集して1903年に世に出した。1904年、清朝は「革命を策謀し、政府に反逆した」罪で于右任の逮捕を命じた。それを聞いた于右任は上海へ逃れ、義憤によって革命を論じる報道の世界へ足を踏み出したのだ。

四紙の新聞を、立て続けに

于右任の一生で創刊した新聞は、辛亥革命の前後に集中しており、1907年の『神州日報』に始まって、1913年の『民立報』の停刊まで続いた。一紙が止められるとまた一紙を立ち上げ、粘り強く、志を変えず、革命家としての資質をしっかりと磨いていった。彼が報道に従事したのはわずか五、六年の間にすぎないが、歴史を俯瞰してみれば、まさに革命が渦巻いていた要の時期であり、当時の人は于右任の一本のペンは、十万丁のモーゼル銃に匹敵すると賞賛した。

嵐のような革命のうねりのなか、于右任は上海で新聞の影響力をますます思い知った。于右任が最初に報道とのつながりを得たのは、当時『新民叢報』で連載されていた銭基博の『中国輿地大勢論』がきっかけだった。彼はこれを読んだ後、長い反論を『新民叢報』の第21号に掲載した。そこに初めて「于右任」と署名したのだ。右任の二字は字の誘人と中国語の発音が同じだ。文を発表してから、于右任の名は大いに広まり、その後は騒心、大風、剥果《はくか》、関中于氏、太平老人などの筆名も使った。ただ一番よく用いたのは于右任だった。この経験が于右任に世論の力を知らせ、もし新聞が革命家の手になければ、革命を導くことはできないだろうと、彼は新聞創刊の準備を始めた。

1906年、于右任は新聞について学ぶため日本に渡り、そこで同盟会に加入した。そして上海に戻ってから、1907年4月2日『神州日報』を創刊し、神州（中国）再建の意味を込めた。『神州日報』は、年数を干支で表し、清の年号は使わなかった。「神州」の二字で、祖先が積み重ねた苦難と歴史遺産の豊かさを表し、中華民族の祖国への思いを呼び覚まそうとしたのだ。[注1] 記者はみな反清反満の志士で、1903年の言論弾圧事件以降に静まり返っていた上海報道界を活気づけた。新聞の販路が広まってきたその頃、大火事によって新聞社と設備が全て焼けてしまい、その後の人事のもめごとで、于右任は退社した。それからも『神州日報』は１９１６年まで続いたが、于右任とはかかわりがない。

体勢を立て直した于右任は、１９０９年から１９１０年にかけて『民呼日報』『民吁日報』『民立報』の三紙を立て続けに創刊し、歴史の上ではこれを「縦三民」と呼ぶ。一紙が停刊となれば、別の一紙をまたすぐに発行した。こうして于右任は辛亥革命の成功まで、その道は困難を極めたが、絶えず気をゆるめずに、革命派の言論の陣地を守り通した。

『民呼日報』は１９０９年5月15日に創刊され、「民の心に寄り添うことを主題とする。大声で民に呼びかけることから『民呼』と名づけ、悪を除いて民の心をふるわせ、中国の志をまた新たにしたい」[注2]と述べた。清朝政府の鉄道敷設権や鉱業権を売り渡している黒幕を大量に暴露した。さらには陝西と甘粛の災害で、被災者救援の募金活動も行ったが、これが陝西甘粛の役人をおとしめているとして、租界の裁判所は、義援金を横領したという罪で于右任を逮捕し、同年8月14日に、わずか92日で停刊となった。

釈放後、于右任はすぐに新しく『民吁日報』創刊の準備をし、１９０９年10月3日、正式に発行された。新聞社の所在地から主な社員、新聞名やその目的まで、『民呼日報』を受け継いでいる。新聞の名の由来について于右任は、「吁と呼は字形が似ており、人民の悲惨な苦しみの声を表している。そして『吁』の字を分解すると『于の口』というふうに見え、大変ななかで、なんとなくおもしろいではないか」[注3]と説明している。この新聞は、日本が思い上がって中国の領土をねらっているという陰謀や、清朝政府の「下僕に与えるくらいなら、隣国に贈る」という国辱行為を暴露した。伊藤博文がハルビンで朝鮮の志士・安重根に射殺されると、『民吁日報』は率先して大きく報じ、続けて二十編以上の報道と評論を掲載した。日本の駐上海領事の松岡洋右は何度も租界当局へ『民吁日報』のいわれのない罪を告発し、同年11月19日、日本駐上海領事館と清朝政府は、租界当局の立ち合いのもと、新聞社を閉鎖し、于右任を租界から追放した。かくして『民吁日報』は創刊から48日で停刊となった。

『民立報』の創刊は前の二紙より難しかった。1910年10月11日に発行された。その新聞名は、足もとをしっかり固めて民衆の声となり、呼びかけ続けようという意味だ。この新聞は同盟会中部総会の機関紙で、革命党員の連絡機関となった。報道の矛先はまっすぐ清朝に向けられ、黄花崗起義、各地の保路運動、納税拒否闘争を報道し、武昌蜂起を応援した。中華民国南京臨時政府の成立後、『民立報』は、重要な世論の陣地となった。「第二革命」が失敗してから、袁世凱は『民立報』の販売を禁止し、1913年9月4日、停刊を迫られた。『民立報』の出版は三年近く、全部で1036号まで発行され、于右任にとっては最も長く続き、最も影響力の大きい新聞だった。

三民主義を宣伝し、革命を鼓舞

于右任の一生の中で、新聞を刊行した時期は清末民初の社会の転換期にあたり、四紙は次々と世に現われては姿を消した。彼の新聞の記事は意気盛んで勇壮だった。革命を呼びかけて、三民主義を宣伝し、風雨の暗い空を明るくするような効果があった。孫文もこう話している。「清朝を倒せたのは、軍の力だ。そして人心を一つにできたのは、新聞が奮い立たせてくれたからだ。それぞれの新聞が成果を上げられたのは、言論をまとめたからだ」[注4]。于右任の優れた文章は大軍勢にも劣らず、革命を大いに宣伝する効力があった。

于右任は革命家として報道にたずさわり、その編集記事で清朝打倒を推し進め、武装蜂起を常に支えた。もちろん、具体的な社会背景と政治環境にもとづき、難しい局面で生き残る策をを用いた側面もある。ただ、一度形勢がよくなれば、すぐに大声で呼びかけ、革命行動を鼓舞した。1911年の前半、広州黄花崗起義が勃発したが、『民立報』は世論の先導役を十分に果たした。蜂起の二日目には、重大ニュースとしてこれに関する七つの特電を掲載し、『広州血戦記』『革命流血後の広州』などの詳しい記事や、方声洞、喩培倫《ゆばいりん》ら烈士の大きな写真を載せた。武昌蜂起の二日目には、大きな活字で特電を発表し、『武昌革命の嵐』という囲み記事を掲載して、新聞全体で蜂起の進展状況を知らせた。武漢の位置や、蜂起の過程などの背景を全て報道し、写真も載せている。記事によると、当時の上海市民は、望平街の新聞社の前に集まり、ずっと武昌蜂起のニュースを待っていたそうだ。反清朝と三民主義の宣伝は于右任の記事の一貫した基調だった。于右任は清の役人が国や民の利益を損なっていると批判し、清政府が帝国主義の国々に主権を売り渡している行為を暴露し、民衆に国を愛し救おうと呼びかけた。その中でも『銅官山鉱山の代表、契約破棄』『四川広東の鉄道借款』『河南で鉱山を奪い合う』などは鉄道や鉱山での争いに関する記事だ。于右任は何度も評論を掲載し、ドイツや日本、イギリスなどの帝国主義の国が中国の領土をねらう野心と侵略行為を暴き立てた。そして国民に警戒を呼びかけ、「残忍非道で」「外国には全てをゆずり、国内では全てを争う」[注5]ような政府には頼れず、自ら立ち上がらねばならない、と説いた。官界の闇、官吏の腐敗、清朝の救いがたさ、そして中国が帝国主義の国にねらわれている危険な状況を知らせることで、民衆に清朝を倒す革命と、その後の新中国の設立を呼びかけたのだ。

于右任は清朝の立憲制がまやかしだと暴き、革命を推し進めた。国会といいながら清朝の貴族による国会で、立憲制の準備の結果、国民は憲法から利益を得るどころか、まず憲法の害を受けるだろう、と訴えた。于右任は立憲制の準備に対して冷静に認識しつつも、その害を全力で暴き出した。そして人々に、封建的な清朝にはもはや救いようがないことを伝え、革命の世論を鼓舞した。同時に、外国人が持つ中国国内の企業を自分たちの手に取り戻し、中国人自身が経営すべきと主張した。民族資本を尊重し、外国製品をボイコットすることは、愛国的である上に、三民主義のうちの民生主義の思想とも重なると主張した。こうして三民主義のそれぞれの側面を宣伝し、多くの心に響く題材を提供し、一連の事実の断片を伝えるなか、于右任の新聞は民主革命を一歩ずつ前進させ、その進展に大きな影響をおよぼしたのだ。

于右任の記者人生は数年にすぎず、革命が成功してからは、政治家として働くようになった。1949年11月29日、于右任は台湾へ渡る。1964年11月10日、台北で病没し、山の上に葬られ、今は海を隔てて大陸を望んでいる。

注1　于右任：『如何写作社評』『新聞学季刊』1940年第一巻第二期。
注2　『啓事』『民呼日報』1908年8月27日。
注3　于右任：『如何写作社評』『新聞学季刊』1940年第一巻第二期。
注4　徐培汀、裘正義：『中国新聞伝播学説史』重慶出版社1994年版、第196頁。
注5　于右任：『如此政府何』『民立報』1911年6月17日。

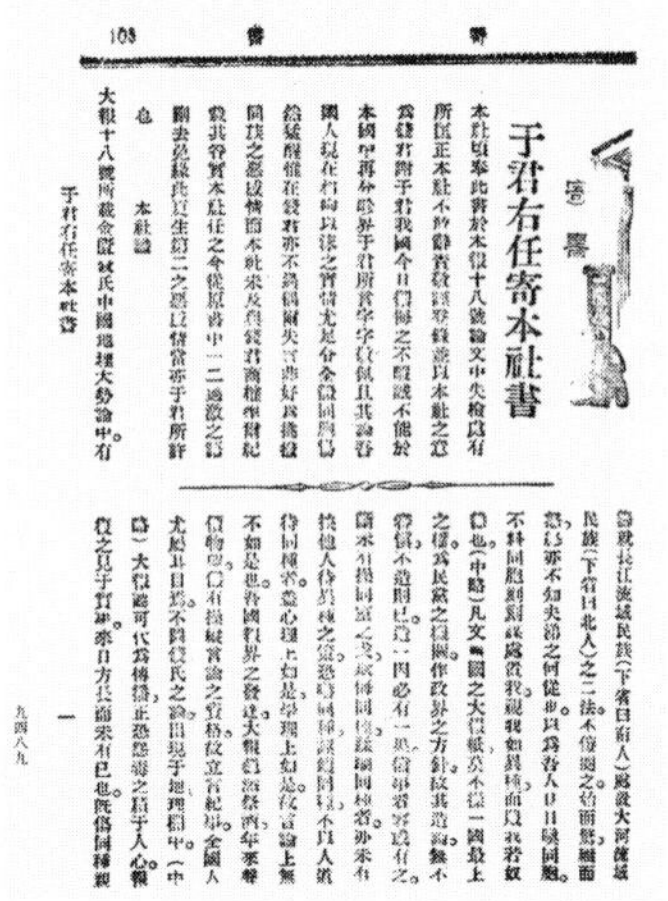
103　寄書

于君右任寄本社書

『新民叢報』寄書

6　五四運動の総司令官　陳独秀

陳独秀《ちんどくしゅう》（1879―1942）は雑誌『新青年』を創刊した、新文化運動の提唱者で、その発起人であり主要な担い手だった。「五四運動の総司令官」であり、中国共産党の中心的な創立者で、初期の指導者。封建制度と反動派を憎み、苦労にあえぐ民衆をこよなく愛した。国を憂い民を憂い、強い使命感と、闇を突き破る勇気を持ち、光を追い求めた人だった。朗らかで意志が強く、決してあきらめず、革命の先頭に立ち、腕を振り上げて叫び、激しく戦った。正直で、気骨があった。中国近現代史の傑出した政論家、文学者、詩人、書家でもあった。

五四運動の総司令官

陳独秀の一生は波瀾万丈で、科挙に合格してから留学し、国を救おうとして四度投獄された。新文化運動を提唱し、その発起人かつ指導者となり、中国の文化啓蒙運動を牽引した。「五四運動の総司令官」であり、中国共産党の主な創立者で初期の指導者、中国近現代史における傑出した政治家で、文学者、詩人、書家でもあった。

起伏の多い一生

陳独秀（1879―1942）は、原名を慶同、正式名を乾生、字は仲甫、号は実庵、安徽省懐寧の役人の家に生まれた。その一生は起伏が多く、対立ばかりで、数奇な運命をたどり、波瀾万丈だった。二歳で父を亡くし、厳しい白ひげの祖父の手解きで、学問を始めた。祖父は彼に暗記力が足りないのを見て、すぐに殴ったが、彼は決して泣かなかった。祖父は村人に「あの子は大きくなっても、ろくなものにならないだろう」と話していた。1896年、17歳の陳独秀は科挙において、『昭明文選』の鳥獣草木にある難しい文と、『康熙字典』のでたらめな古文を、形式にこだわらずに組み合わせて長文を作り、なんと首席で合格した。翌年南京へ行き、江南の試験を受けたが、今度は不合格だった。それによって、科挙は腐っていると彼は考えた。当時、維新運動が全国で広まっており、彼は康有為と梁啓超の思想に影響を受け、科挙をあきらめて、維新派や革命党、共産党への道を歩むことを決めた。

1897年、陳独秀は広州の求是書院に入学し、近代西洋の思想や文化に触れた。1899年には清朝への反抗的な言論を理由に、退学となった。1901年には、反清宣伝活動のため、清政府に指名手配され、安慶から日本へ逃げ、東京高等師範学校の短期学科に入学した。1901年末、彼と張継、鄒《すう》容《よう》は監督官の姚煜《よういく》の部屋へ押しかけ、姚の弁髪を切り落としたため、強制帰国となった。1903年7月、上海で章士釗《しょうししょう》が編集する『国民日日報』を手伝った。1904年初め、安慶で『安徽俗話報』を創刊し、その後編集部を蕪湖《ぶこ》に移し、革命思想を宣伝した。1905年に反清秘密革命組織の岳王会を結成し、総会長に就いた。1907年に東京正則英語学校に入り、その後早稲田大学に入学。1909年冬、浙江陸軍学堂で教師となった。辛亥革命の後、安徽省都督府秘書長に就任。「第二革命」の失敗後に投獄されたが、釈放された1914年に日本へ渡り、章士釗が創刊した雑誌『甲寅』を手伝った。「独秀」の筆名で文を書き、その名前で世に出たのだ。

陳独秀は生涯よく学び深く考え、積極的に進み出て、思い切りがよかった。言葉は鋭く大胆で、中庸の道は行かずに、人の受け売りや、つまらない発言を絶対にしなかった。彼は1919年6月11日、1921年10月4日、1922年8月9日、1932年10月15日の四回逮捕され、北洋軍閥政府、上海フランス租界警察、国民党政府によって、たびたび投獄された。陳独秀は監獄を恐れず、獄中でも終始堂々と高い志を貫き、誘惑にも負けず、敵に屈することもなかった。

1915年9月、陳独秀は上海で『青年雑誌』を創刊し、その編集長を務めた。1917年初めに、蔡元培の招きで北京大学文科学長を引き受け、1918年12月には李大釗《りだいしょう》らと『毎週評論』を刊行した。この中で彼は積極的に民主主義や科学について論じた。文学革命を提唱し、封建的な古い思想、古い文化、古い道徳に反対し、新文化運動の推進者にして主要な指導者の一人となった。

１９１５年９月の五四運動後期、陳独秀はマルクス主義を取り入れ宣伝し始めた。１９２０年、コミンテルンの援助のもと、まず上海共産党を組織し、同時に各地の進歩的な人々と連絡をとって、中国共産党を成立させ、その主要な創始者の一人になった。第一回から第五回までの党大会で中央委員に選ばれ、中央局書記、中央局執行委員会委員長、中央総書記などの職務に次々と任命され、中国共産党の初期の主な指導者となった。北伐戦争の時期、彼は共にコミンテルンの指導層が出した投降政策に繰り返し反対したものの、ソビエト共産党とコミンテルン実権派からことごとく政治弾圧を受けた。１９２７年、北伐に失敗すると、陳独秀はコミンテルンのスケープゴートにされた。

１９２７年７月中旬、中央政治局は改組され、陳独秀は指導者の立場から退いた。その後、彼はトロツキストと呼ばれることを受け入れ、党内で小さなグループを形成するやり方で活動した。１９２９年11月、鉄道路線に関する問題で、彼は中国共産党主流派を公然と批判し、党から除籍された。１９３１年５月、中国のトロツキストたちの小さな「統一大会」に出席し、中国トロツキスト組織の中央書記に任命された。１９３２年10月、上海で国民党の反動派政府に逮捕され、南京で拘禁された。蒋介石は胡宗南や戴笠《たいりゅう》を、陳独秀に会いに行かせ、引き込もうとしたが、陳は厳しい言葉で拒んだ。胡適は陳独秀にアメリカで作家にならないかと勧めたが、陳は亡命など望まなかった。

１９３７年抗日戦が全面的に勃発し、陳独秀はその年の８月に釈放され、武漢、そして重慶に移り住んだ。彼は共産党への復帰を望み、党主流派も代表を派遣して、延安に招いたが、実現はしなかった。

最後に陳独秀は四川江津（今の重慶江津）に長く住み、晩年は貧しい生活を送ったが、不正な援助を受けることもなく、質素な暮しを受け入れ、ひたすら学術研究や著述に没頭して、友人やかつての北京大学の教え子たちに支えられて生活した。余生では詩作と古代音韻学の研究に打ち込み、子供用の教科書『小学識字教本』など、多くの本を精力的に書き、『独秀文存』『陳独秀文章選編』『陳独秀思想論稿』『陳独秀著作選編』といった著作で収入を得た。1942年5月27日、江津で病没。

五四運動を推し進める

「第二革命」の失敗後、陳独秀は懸命に思考を巡らせ、中国を救おうと考えた。共和制を実現するためには、まず思想革命が必要だと結論づけ、そのために雑誌を創刊せねばと考えた。1915年9月15日、彼は上海で月刊誌『青年雑誌』を刊行し、『青年に敬告す』『一九一六』『わが最後の覚悟』などの文章を続けて発表した。これらの文章のなかで、科学や民主主義を掲げ、西洋の自由、独立、平等、人権といった思想を熱く称えた。そして青年に奮起をうながし、自らを解放させ、中国数千年来の倫理、法律、学術、儀礼などの封建思想の束縛から抜け出そうと説いた。この雑誌の第一号は国内外の「重大事件」欄を除くと、基本的には政治と関わらないものだと陳独秀は「通信」で述べている。「青年の思想を改造し、素養を高めることがこの雑誌の大きな目的だ。時の政治を批評することは、主題ではない」[注1]『青年雑誌』は1916年9月の第二号から『新青年』に改名した。情勢の変化が陳独秀を政治の批判へ向かわせ、『康有為が総統総理になることに反対する』『憲法と孔子の教え』『旧思想と国体問題』などの文章を発表し、康有為が宣伝する、儒教を国教に定めることは誤りだと反論し、儒教を打倒せよと呼びかけた。

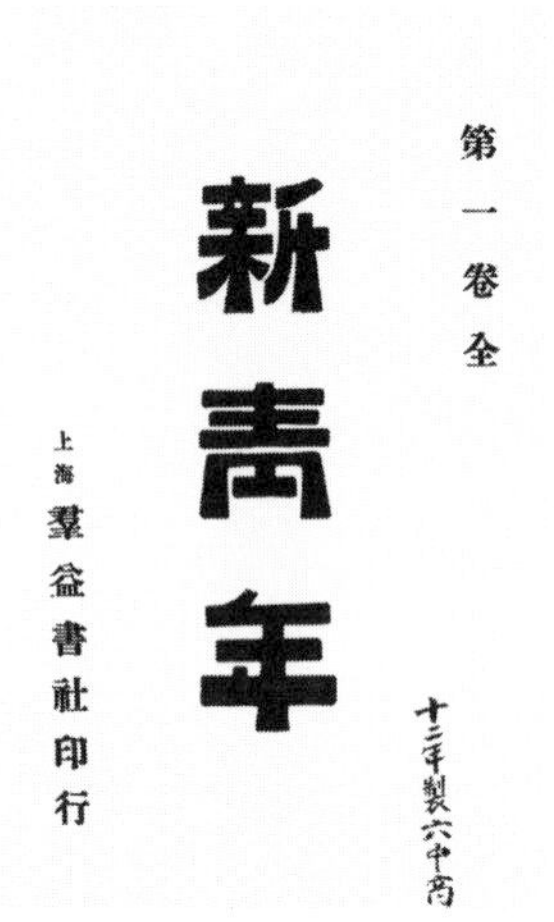

『新青年』

陳独秀は、長期に渡って編集長として『新青年』を率いた。初期の『新青年』は、封建主義に反対する新文化運動の宣伝が中心だった。民主主義と科学を掲げ、古い道徳に反対して新しい道徳を提唱し、古い文学に反対して新しい文学を提唱するのが新文化運動の主な内容で、この運動を最後まで貫いた。封建主義を激しく攻撃し、民衆の思想を目覚めさせ、五四運動の発生とマルクス主義が、中国で思想を広める土台となった。１９１８年12月から１９２０年８月までの時期、『新青年』は民主主義から社会主義へと徐々に移行し、マルクス主義と労働運動を注意深く結びつけ、後期には中国共産党の最初の機関誌として基礎を固めた。後期の『新青年』は、上海で創設された中国共産党の社会主義を広め、党成立後はその理論を支え、マルクス主義の宣伝と中国共産党の形成に大きく貢献した。１９１８年、陳独秀と李大釗が創刊した『毎週評論』と『新青年』は互いに結びつき、新文化を提唱して、マルクス主義を広めた。毛沢東は陳独秀を高く評価して次のように述べている。「彼は五四運動の時期の総司令官で、全ての運動は事

実上、彼が率いたのだ。……われわれは彼らの生徒だった。五四運動は中国共産党のために幹部を育てくれた」[注2]

報道の思想

陳独秀は長年に渡って優れた報道記者を務めたことで、次第に報道についての思想を発展させていった。陳独秀の報道活動は三つの段階にわけられる。第一段階は、中国共産党が上海で成立する前の時期で、関わった刊行物には『国民日日報』『安徽俗話報』『甲寅雑誌』『新青年』『毎週評論』がある。第二段階は、中国共産党成立から北伐の失敗までの期間で、『共産党』『労働界』『向導』季刊『新青年』『前鋒』という刊行物に関わった。第三段階は北伐失敗の後で、『無産者』『火花』『熱潮』を刊行した。彼の報道思想もこうした過程の中で形成されたのだ。

その一つは、革命を行うには世論を重視しなければならないこと。世論は民衆心理が外に現れたもので、とても重要だと陳独秀は認めている。彼は『国民日日報』の創刊の言葉でこう述べた。「国民の事業を計画するには、国民の世論について考えないわけにいかない」。彼が世論を重視していたことは、ここで証明されている。

二つ目は、報道は民衆に近づくべきで、民衆が必要とすることを考えねばならないこと。20世紀初めの中国の新聞はほとんどが文語体で書かれており、多くの民衆に民主主義思想を啓蒙するのは、とても難しかった。陳独秀は『安徽俗話報』において、わかりやすい言葉で民衆の知識を深めようとした。「今、日刊紙や旬刊誌はたくさんあるというのに、難しいものばかりで、之、乎、也、者、矣、焉、哉といった字があふれ、どれだけの人がちゃんと理解できるだろうか。簡単でわかりやすい口語を記事で用いて、俗話報とすることが、一番よいやり方といえる」[注3]。それから陳独秀は『新青年』の場を利用して文学革命を引き起こし、文章に口語を使うことを提唱した。「口語は文学のデモクラシー」だと定め、庶民が受け入れやすいように、不平等な文化を打ち壊し、民主主義と科学の精神を高めるべきだとした。

三つ目は、新聞記者は真理に貢献する精神を持たねばならないこと。記者は国民の導き手であり、社会の闇勢力と「同調し、媚びること」が決してあってはならず、邪悪な者たちに立ち向かってこそ、国を救う日が来るとした。『新青年の事件内容についての答弁書』の中で彼はこう言っている。「民主主義と科学を擁護するためなら、政府の圧力、社会からの攻撃や嘲笑などは、血を流すことになっても避けはしない」

著名な党の歴史家・廖蓋隆《りょうがいりゅう》はこう指摘している。「総合的に見て、陳独秀の生涯は歴史的功績が大きく、その誤りは二義的なものだ。彼は確かに、ロシア革命におけるプレハーノフと同じ役割を担った。われわれは陳独秀の功績を称えるべきで、彼が中国革命の歴史上、傑出した人物だと認め、永久に記念しようではないか」[注4]

注1　『青年雑誌』第一巻第一号〝通訊〟欄。
注2　毛沢東：『中国共産党第七次全国代表大会的工作方針』『毛沢東文集』（第三巻）人民出版社1996年出版、第294頁。
注3　陳独秀：『開辦「安徽俗話報」的縁故』『陳独秀選集』天津人民出版社1990年出版、第6、7頁。
注4　廖蓋隆：『陳独秀的評価問題』、王学勤：『陳独秀与中国共産党』東南大学出版社1991年版、第27頁。

7　女性記者の先駆け　康同薇

康同薇《こうどうび》（１８７９―１９７４）は中国で最初の女性新聞記者で、優れた教育者、女性新聞の創始者だ。清末期の「維新運動」の時期、マカオで維新派の『知新報』で日本語翻訳に従事し、積極的に記事を書き、維新思想を宣伝して、変法による救国をとなえた。その後、中国最初の女性新聞『女学報』を創刊し、女性教育の道を開き、女性の解放を主張して、女性教育によって国を強めようとした。康同薇の一生は、教育、報道、文学の分野でいずれも功績があり、『中国の衰えは士気の不振による』『女性教育の利益と弊害』などの文章を著した。

女性記者の先駆け

康同薇（1879―1974）、字は文僩《ぶんかん》、号は薇君、広東省南海県丹灶銀塘蘇村《たんそうぎんとうそ》の人。維新変法運動の指導者である康有為の娘で、中国最初の女性記者。

父に寄り添い、維新に加わる

康同薇は、康有為と最初の妻・張雲珠の長女だ。康有為の思想が開放的で、勇敢な改革者だったため、康家の家庭教育はとても進歩的だった。古い習俗に従うなら、名門の令嬢であれば、纏足して、小さな形のいい足こそが高貴だとされていた。しかし康家では、進歩的な教育により、康同薇は纏足の苦しみからまぬがれた。彼女は自身の経験から、女性に纏足しないことの利点を話し、彼女を手本にした新しい世代の少女たちは、もはや纏足はせず、耳に穴を開けもしなかった。康同薇は纏足反対運動の先頭に立ったのだ。

康同薇は小さい頃から優れた教育を受けた。とりわけ父の維新思想に感化され、革新的な精神を持つに至った。家庭環境の影響と父の導きのおかげで、康同薇は子供時代から新しいことに興味を持ち、自ら強くなる方法、国を救う手段、変革について、それなりに語ることができた。若い頃から父の腕利きの助手を務め、事業の積極的な追随者となった。家伝の学問をもとに、自身の才能と後天的な努力で、優れた文化知識の基礎を固め、歴史や地理、古典文学、西洋の学問などの全てに深く通じていた。

戊戌の変法の期間、康有為の仕事は最も充実し、昼も夜も筆をふるい、光緒帝に変法理論に関する著作『日本変政考』『ロシア・ピョートル大帝変政考』『ポーランド分割記』などを献上した。なかでも『日本変政考』は最も重要で、変法の内容、その段取りや原則の全てがこの一冊に著されていた。皇帝はしきりに催促し、康有為は猛スピードで書き記して、「一巻ができあがると、すぐ進呈、また催促され、次の一巻」といった具合だった。この本に光緒帝はかなり興味を引かれたが、忙しい康有為には手が足らず、康同薇の助けがどうしても必要だった。彼女が大量の日本の資料を翻訳して父に提供したこともあって、父は何年もかけてようやくこの本を完成できた。

義和団事変の期間、康同薇は香港の全権代表を務めた父と共に働き、女性ながら厳格かつ迅速で、父の信望を高めた。勤王の大事業から、家のなかの些事まで、康有為は全て娘に相談し、仕事をさせた。香港の新聞が自分を攻撃していると聞いた康有為は、すぐに手紙を書いて康同薇に香港総督夫人と面会させ、父を弁護させた。八カ国連合軍が北京を攻め落とした後、康有為は列強の見せかけの力が西太后を引きずりおろしたと考えた。康同薇は父への中傷を止めようと、得意の文章を書き連ね、父の事業の必要性を世論に訴えた。

康有為も娘の成長に心血を注ぎ、何を読み、何を学ぶかなど、全てに気を配った。康有為は、娘に知的な女性として、新聞社の主筆か編集記者になることを理想として望んだ。康同薇も確かにその方面へ進み、新聞社の主筆になるため、彼女は必死に勉強し、たくさんの勢いある文章を書いた。

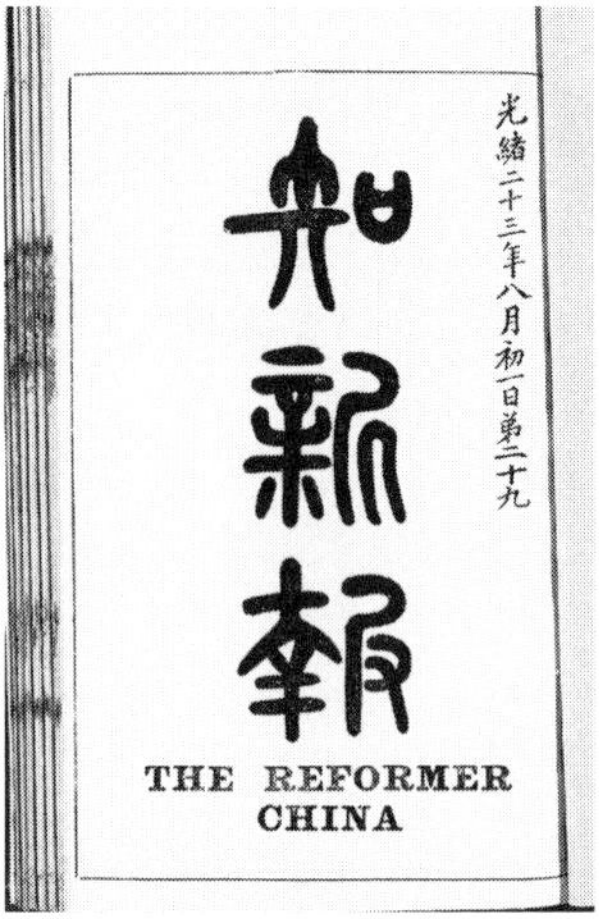

『知新報』

報道界に飛び込み、女性新聞を創刊

１８９７年２月22日、維新派がマカオで『知新報』を創刊し、康有為が先導して、華南の宣伝陣地とした。『知新報』第三十号から、康同薇が日本語翻訳を務めた。彼女は、中国の新聞業界で働く最初の女性となり、それは、報道史の記録上、女性記者第一号とされる裘毓芳《きゅういくほう》よりも八カ月ほど早かった。『知新報』第三十二号（１８９７年９月26日）の『本館告知』では、日本語翻訳を康同薇が担当していると知らせたものの、この新聞の正式な翻訳者だとは記載しなかった。第四十三号（１８９８年２月11日）で、康同薇は山本正義から翻訳を引き継いだ。記録によると、康同薇が訳した日本語の新聞は、『内閣官報』『東京日日新聞』『長崎新報』『大阪毎日新聞』『東京時事新聞報』などだ。

『知新報』で翻訳の他に、康同薇は記事も書いた。彼女が書いた『中国の衰えは士気の不振による』『女性教育の利益と弊害』は、それぞれ第三十二号、第五十二号に発表された。『女性教育の利益と弊害』のなかで、康同薇はこう論じている。「西洋人は中国と貿易しながら、国土を分割し、学校を建てて、女性を教育している。中国にも人がいるのに、なぜ外国人に教えられるのを待つのか。彼らに中国を侮られては、面目が立たない」。そしてこう呼びかけた。「村には小学校を建てよ。中国の女性に礼儀と学問を教えるのだ」「県には中学校を建て、実学を重視して、迷信を排除せよ」「都市には大学を建て、知恵を磨き、人材を育て、権利は平等に、まっすぐ伸ばせ」「規模を大きくすることで、優れた女性は育つ」。康同薇は話を一気に列挙する語法と、古今東西の事象を対比する手法を使って、変法が必要だと訴えた。そして士気を奮い立たせ、女性教育によって国を強くしようと望んだ。その観点は明確で、しっかり根拠を示し、文章の基礎が備わり、知識が豊富であることは明らかで、当時の『知新報』の他の男性記者にも全く劣っていなかった。康同薇の思想と文章は、康有為の変法思想と重なるものだったが、マカオという維新変法の中心から遠く離れ、清政府のコントロールを受けない場所に身をおき、国内で進行する維新変法運動に、タイムリーな世論の支持を提供した。

１８９７年、康同薇ら愛国的な女性知識人によって、中国最初の女子教育組織である、中国女学会が創設された。会の成立後、彼女たちは女性教育や女性の権利を議論し、女性自身を解放する活動などのため、上海に中国人が経営する最初の女学校と、最初の女性新聞――『女学報』を創設した。

１８９８年7月24日、『女学報』は正式に刊行された。新聞社は上海西門外文元坊にあり、毎月３回発行された。１８９８年10月に十二号が出た時、「戊戌の政変」が起き、『女学報』は三カ月で停刊を迫られた。「この新聞は上海女学会の会報で、女学校の学校新聞でもある……その目的は維新変法と男女平等を宣伝し、女性教育を提唱して、これから必要になる女性知識人を育てることだ」[注1]

『女学報』の第一号の告知には「この新聞が中国の女を目覚めさせる」と書かれている。[注2] 主要な記者は康同薇、潘璇《はんせん》、裘毓芳、李蕙仙《りけいせん》らで、みなが女性解放運動の先駆者となった。新聞社には論説、ニュース、原稿募集、告知など四つの欄があり、内容は女性教育、修身、教育、家庭科、体操、北京語、国語、外国語、歴史、地理、数学、物理・化学、裁縫など16の項目にわかれていた。主に維新変法を宣伝し、女性教育を強く提唱して、女性の権利、男女平等などを要求した。婚姻の自由を主張し、女性参政権を求め、封建制や迷信、古い規則や悪習などに反対した。注3 また女学校の授業風景や校門、国内外の女性交流大会などの挿絵を掲載した。編集長たちは、記事を自らの身近な思いと結びつけ、自身の家庭を背景に、経験に照らして、積極的に文章を綴り見解を発表した。彼女らは女性特有の柔らかな筆使いで、伝統的な女性観を非難し、女性の自立、自強、愛国、自愛を説いた。康同薇に代表される目覚めた女性たちは、『女学報』で勇敢に男女平等のスローガンを提起し、男女が平等である理由を論証した。彼女らは「天賦の人権」と自然法則を武器に、男女を自然界に存在する多くの矛盾現象と同じだと見なし、これを自然の理、陰陽の道とした。男女平等を旗印に、女性たちが封建的な慣習のもとで受けてきた苦しみを告発し、纏足の禁止や、女性の体の解放、婚姻の自由を強く求めた。

『女学報』の出版は、当時かなり大きな社会の反響を引き起こし、中国の歴史上初の女性新聞として知られている。女性知識人が言論の舞台で女性解放を訴え、女性を女性教育思想の道へと導いた。掲載された文章は様々な側面から、女性解放、女性教育、女性の権利意識などの女性記者の見方を示しており、男女の差別や時代の特徴を強調するものだった。『女学報』は、女性解放の宣伝と女性教育提唱の主な陣地となり、国を憂い民を憂える女性知識人がその女性教育に関する考えを表明する場として、女性が家の外では語らないという伝統を打ち破り、中国女性のマスコミ進出への先駆けとなったのだ。

マカオを出て、海外へ

１８９９年、康同薇は父・康有為の弟子である麦仲華《ばくちゅうか》と香港で結婚した。麦仲華は広東順徳の人で、１８９４年に康有為に弟子入りし、万木草堂で学んだ。中国と西洋の学問に通じ、優れた知性を持っていた。彼は日本との講和条約に反対し、上海で纏足廃止を求める会に参加して、『時務報』の記者になった。麦仲華は『経世文新編』という本を編纂し、社会に詳しい人物を取材した。そして慣習を改め、新しい政治のために意見を示し、戊戌の変法の中心人物の一人となった。政変後は日本へ亡命し、日本陸軍士官学校に入学。その後イギリスに留学した。康有為はこの娘婿にとても満足し、度々康同薇に手紙を書き、麦家を大事にするよう言い聞かせた。ただ、康有為には麦仲華を誤解していた時期もあり、麦仲華は怒りでいささか過激な思想に傾いた。戊戌の政変が失敗した後、彼と梁啓超、韓文挙、欧榘甲《おうくこう》らは皇帝のための革命を諦めようと主張したが、それは康有為への裏切りに他ならなかった。だが、彼の弟子のなかには、羅普のような保皇派も残っていた。羅普の妻は麦仲華の妹だ。ある日康有為は娘の義父の麦柏君を訪ね、怒りと冗談を交えて語った。「あなたは見る目があるね、いい娘婿（羅普）を選んで。私の目はだめだ、あんな娘婿（麦仲華）を選んだのだから」

康同薇と麦仲華は十一人の子供を生み育てた。長男の麦健はアメリカに留学し、博士号を得て、広州財政局局長、北平鉄道管理学院教授、香港中文大学高級講師を歴任した。次男の偉と三番目の娘の倩《せん》は若死にしている。四番目の息子・僖《き》は康有為の晩年の著作『諸天講』の完成を助け、成人後は温州の税関で働いた。五番目の息子の儼《げん》は建築家になった。六番目の娘の俸《ほう》は外国大使館に勤務した。十番目の娘の像は四川自貢の塩務局に勤めた。十一番目の娘の任は北京医学院で働いた。康有為は生きているうちに離れて暮す孫たちを直接抱くことはできなかったが、とてもかわいがり、学費を援助した。最初の孫・麦健の一歳の誕生日に、遠い東南アジアで喜びの詩を詠み、自らの愛と次の世代の子供への希望を表現した。「香港を去って二年、孫は一歳になる。とても賢く、文武どちらへ進むやら。祖父の言うことを聞いて、本を書いてはどうだろう。いつ会えるのか、老いゆく私に望みを」

戊戌の政変のあと、康同薇は母とマカオを脱出し、ずっと海外で暮した。1908年4月、康有為がスウェーデンを旅した時、麦仲華は康同薇と共にはるばる義父に会いに行った。次女の康同璧《こうどうへき》もアメリカから急いで駆けつけ、家族が異郷の地で集まり、康有為を大いに感動させた。1974年に康同薇は病没、享年96歳。

注1　喬素玲：『教育与女性―近代中国女子教育与知識女性覚醒（1840―1921）』天津古籍出版社2005年版、第207頁。

注2・3　『婦女問題的珍貴史料、中国歴史上第一份女報―女学報』http://www.wxlib.cn/szzy/mgbk/nxb/nvxb_gb.htm,2009-05-10.

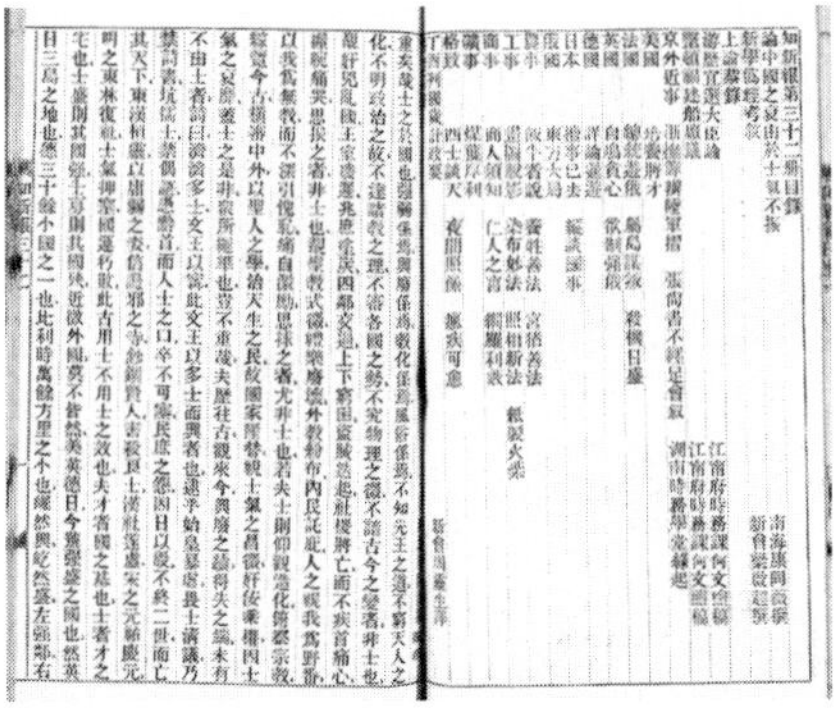
知新報第三十二册目録
論中國之衰由於士氣不振
新學偽經考叙

『中国の衰えは士気の不振による』

8　新聞界の重鎮　史量才

史量才《しりょうさい》（１８８０―１９３４）は秀でた手腕と能力で知られる新聞業界の経営者。１９１２年、中国近代の報道史上で最も重要な新聞『申報』の経営権を得たのち、的確な改革を行い、迅速に発展させ、新聞といえば申報とまで言われるところまでこぎ着けた。史量才には人を動かす才能があり、強力な編集・管理組織を作り上げた。中国の新聞が政治評論からニュースの時代に移り変わるなか、『申報』を詳しくて専門的な新聞へと発展させていった。

彼はそのやり方について、事実に忠実であること、経営が独立していること、歴史をありのままに記すこと、社会が求めるニュースを伝えることが重要だと主張している。１９２９年には、競争相手である『新聞報』の50％の株の買付けに成功した。全てが順調だった１９３４年に殺害されたが、その精神は今も生き続けている。

新聞界の重鎮

史量才（１８８０―１９３４）は、元の名を史家修《しかしゅう》、江蘇省江寧県に生まれた。立憲派の指導者・張謇《ちょうけん》が彼のことを「才を量って採用しよう」[注1]と褒めた言葉を引用して、史量才と改名した。彼は七歳で母を亡くし、父とよその土地に移り住んだ。十八歳で科挙に合格したものの、原籍を偽ったとされ、資格を取り消された。その後、雷継興《らいけいこう》と知り合って西洋の学問を教わり、共に日本へ留学したいと望んだが、父が苦労の末に得た財産を火事で失ってしまい、実現しなかった。１９０１年から１９０３年、新しくできた杭州蚕学館で学び、移住先の泗涇《しけい》鎮で小学校設立を計画した。その間に雷継興を通じて、日本留学から帰国した陳景韓ら新しいタイプの知識人と知り合った。卒業後、上海の王氏に招かれて育才学堂の教師となり、更に上海女子蚕桑学堂を設立した。１９０４年には、狄平子《てきへいし》が創刊した『時報』で働いた。辛亥革命の間、史量才は陳其美《ちんきび》を助け、張謇らと連絡をとり、松江塩務局で主任などの職に就いたこともある。その時彼は新聞の強大な力を目の当たりにし、１９１２年9月23日に席子佩《せきしはい》と『申報』の買い取りについて話し合い、10月20日に正式に『申報』を掌握した。そして的確な改革を進め、『申報』を急激に発展させていった。１９２９年、競争相手である『新聞報』の50％の株の買い付けに成功し、同時に積極的に社会運動へ参加したが、１９３４年、国民党のスパイによって殺害された。

『申報』の再生

『申報』は1872年4月30日、イギリスの商人アーネスト・メジャーが友人から資金を集めて創刊した。この新聞は「外国人が金を出し、秀才が記事を書く」というやり方で、内容はわかりやすく、独占ニュースと社会欄を重視した。中国で初めて電気通信を用い、号外を発行し、論説は庶民の視点に立って、文芸欄を充実させたこともあって、わずかな期間で10年前に創刊された『上海新報』を追い抜いた。経営を重視し、管理体制はイギリスの『タイムズ』が百年以上に渡って発展させた「総編制」に倣った。十数年後には発行人、編集部、営業部の典型的な「トロイカ体制」を構築して、中国の新聞社の経営管理において現代まで続く原形を形作り、のちに史量才が経営する『申報』の基礎を固めた。『申報』はまもなく中国の各都市に行き渡り、付随して出版された『点石斎画報』なども広まった。1889年、創刊者のメジャーは故郷で晩年をすごすため、中国での事業を「メジャー有限会社」という形に改め、集めた資金を回収して帰国し、二度と『申報』の仕事には関わらなかった。その頃上海の新しい新聞は勢いが増していたものの、『申報』は古さを引きずっており、部数が最盛期の約二万部から六、七千部まで落ち込んでいた。1909年にメジャーが七万五千元で『申報』を会計の席子佩に売り渡した。だが席子佩に経営能力はなく、1912年に十二万元で史量才に売り払った。

史量才が張謇ら四人と共同で『申報』の株を購入した時、この新聞の発行部数はわずか七千部だった。しかし、十年間苦労を積み重ねて経営した結果、一日の販売量は十五万部まで激増した。その影響は大きく、新聞といえば申報、とまで言われるまでになった。史量才の資本家としての実力はずば抜けており、中南銀行、民生紡績工場、五洲薬房、中華書局にも投資している。

史量才には人を動かす才能があり、まずは編集・管理の組織を立ち上げた。彼は『時報』で文学的功績を打ち立て、「時評」の文体を築き上げた、名編集長・陳景韓を高給で引き抜いた。[注2]陳景韓は情報を重視して、議論は軽くする編集方針を取り、新聞にとって難しい世の中をうまく切り抜けようとしたばかりでなく、中国の報道界を政治評論の時代からニュースの時代へと変遷させていった。『申報』はニュースの伝達を一層重視して、大量に外電を採用し、全国の大都市や重要な貿易都市に記者を送り込み、特約の通信員を配置した。更に国外にも専任、あるいは兼任の通信員を置き、よく整ったネットワークを形作った。同時に、『申報』のなかに、『自由談』などの一連の文芸欄を設けた。

業務をこのように改善すると、発行部数は急激に伸び、新聞社の印刷設備がもはや需要に対応できなくなった。史量才はわざわざアメリカから、一時間に二千枚印刷できるツインロールの印刷機を購入した。そしてセントジョーンズ大学で機械専攻を卒業した、設備に詳しく経営手腕もある遠縁の張竹平を呼び寄せ、マネージャーとして経営を統括させた。[注3]張竹平は就任後改革に大なたを振るい、まず広告課を発足させ、専門に広告を取り扱うことで、その分野に新たな創造性を加えた。広告制作を重視し、専門の社員を雇って文案を練らせ、創意工夫を活かして図案や文字を細かくていねいに作らせた。各地で支社や販売所を設けて『申報』を拡張し、他都市で発行する広告の取引先を招き入れた。社内の管理においては、史量才は「身内の忠誠心」を引き寄せて、同族、友人、同郷者を採用して、大切な持ち場を任せた。またその一方で前例を破るやり方で、労働者を社員に直接昇格させたりもした。

『申報』の事業は日増しに発展し、1918年には七十万元で自社ビルを建て、一時間に四万八千部を印刷できるアメリカのリチャード・マーチ・ホー開発の32リール輪転機を新たに購入した。1925

年に『申報』の発行部数は十万部を越え、1928年には十四万三千部にまで増えた。1938年までに、『申報』の有形資本は百五十万元に達し、金融業や製造業にまでビジネスを展開して、新聞業と補完し合うようになった。

史量才の新聞社経営

新聞社が拡大するにつれ、史量才は新聞が社会で果たす役割に、新しい着想を得て、専門性と新聞のあり方について、模索し始めた。

1921年、イギリスの新聞王と呼ばれた、ノースクリフ子爵アルフレッド・ハームズワースが訪中した。彼は申報社を視察した後、『申報』のことを中国の『タイムズ』だと褒め称えた。その言葉に史量才は突き動かされ、新聞社を独立させようと決意。新聞によって世界を幸福にしようという大きな夢を抱いた。自分の新聞社が大企業に発展すると、史量才の目は国内から世界へ向けられた。1921年から、彼はロンドン、パリ、ジュネーブ、ローマ、ベルリン、東京など世界各国の大都市に次々と特派員や通信員を送り込み、『申報』の発行も世界各地に広げた。またジュネーブで開かれた国際連盟の最初の会議と、ワシントン会議に記者を派遣している。

史量才の新聞社経営術は、まず『申報』そのもののなかに、その歴史がはっきりと刻みこまれている。その意味で『申報』は重要な歴史的な資料であり、今なお中国の政治、経済、文化、社会といった各分野を研究する歴史学者にとって、大切な参考文献なのだ。史量才は、四十年の歴史を持つ『申報』を受け継いだ後、『申報』の過去の全てに発行した号を大金で買い取るという知らせを繰り返し紙面に掲載

した。そしてついに上海の張仲照という老人から、わずか七枚欠けるだけの四十年間の『申報』全てを、快く贈られた。[注4]

史量才はこう述べている。「日刊新聞は、歴史を記した刊行物だ。過去の歴史を記載し、時代の変遷を表し、単にできごとを載せるだけではだめだ。必ず論評し、分析し、読者の細かい指摘を参考に、改善していかねばならない」。[注5]『申報』は陳景韓の「情報を重視し、議論は軽く」という戦略を徹底し、国内外の比較的整った情報網を活用して、すばやくニュースを見つけ出すことで、役人や地方の有力者、商人といった読者たちの需要に応えた。『申報』の発展のため、史量才は資金を惜しまず、有名記者の黄《こう》遠生《えんせい》や邵飄萍《しょうひょうへい》らを特派員として招いている。黄遠生は『申報』に掲載された『遠生通信』で、政治の闇や軍閥の腐敗を大量に暴露し、政局の変化を伝えた。そして重いテーマを記事にして、時代の弊害を戒め、国と民を憂い、問題をわかりやすく自然に、形式にこだわらず報じた。[注6]「万能の記者」と呼ばれた邵飄萍は、中国で最初の外国駐在記者で、1916年から1918年の間、『申報』に251篇、全部で22万字の『北京特別通信』を書き、真実を生き生きと、深く鋭く表現して、邵飄萍の名を世に知らしめた。その他、文芸欄の『自由談』が、五四運動以降の最も重要な言論の場となり、権力を恐れず、魯迅のような文人の雑文や論文も掲載し、読者のために公正な視点や分析を提供して、広く受け入れられた。

1921年12月19日、史量才はアメリカの新聞学者グラスの訪問を受けた時に次のように語っている。「ここ七年は政治が乱れてはいますが、わが社の方針は、ぶれておりません。孟子もこう言っています。『貧しくて地位が低くても変わらず、豊かで高貴でも心を乱さず、権力や暴力にも屈服しないのがよい』と。さきほどグラスさんはおっしゃいました。新聞社は独立の精神を持つべきだと。わが社にも同じような理念があります。私はその志を守り、経営し、実行してきました」[注7]「事実に忠実で、正直な記事を書き、超然と独立し、権力を恐れない」[注8]というのが史量才の専門家としての思いだった。1928年、蒋介石が新聞検閲所を設立し、それぞれの新聞社に指導員を派遣したが、『申報』だけは拒み、彼は「独立した新聞が世界を幸福にする」という信念を曲げなかった。史量才は国民党の強い権力を恐れず、進歩的な政治の立場を追求し、宋慶齢らが創立した中国民権同盟と密接に関わった。それこそ彼が時勢から独立しようという気持ちの表れだった。

1928年11月19日、『申報』は、創刊二万号の記念として、史量才の文章を掲載した。「五十六年の年月は短いとは言えず、二万号という数も少なくはなく、記念するにはふさわしい。だが私にははっきりとした功績がなく、また驚くような成果もないのに、どう考えたらよいだろうか。『申報』を発行することで社会に貢献したい、仕事を続けたいと考えて長いこと苦労して、その気持ちを重視してはきたが、望みを果たせたと言えるだろうか。そもそも『申報』という船は、同僚たちが舵を取り、風雨に耐え、朝夕を共にして航海してきたのだ。幸い転覆もせず、ひどい災害にも会わなかったことを、どう考えればよいのだろうか」。彼は民国以降のひどい紛争についてこう表現している。「申報はまだ続いており、老馬の力を奮い立たせて、功のない恥をすすぎたい」最後に、彼は心からあこがれる自由で平等な世界への思いを、次のように詩に詠んでいる。

戦争が消滅すれば障害はなくなり、生産に励めば農業労働者は重んじられる。大地が利を捨てなければ民は窮せず、人が才能を育てれば道を極められる。文化を統一すれば情報が行き渡り、精神と物質は融合する。国境をなくせば天下は公平になり、争いがやめば太古の気風が興る。襟を正して利を得れば理想社会を楽しめる。限りない喜びが続くことを願い、申報四万号の成功を祝おう！

残念ながら史量才の望んだ理想世界の夢は、国民党専制政権によって打ち砕かれ、最後には彼自身も魔の手に襲われた。１９３４年11月13日、史量才と家族は杭州から上海に戻る途中、公道で国民党のスパイに殺害された。

注１　龐栄棣：『申報魂：中国報業泰斗史量才図文珍集』上海遠東出版社２００８年版、第16頁。
注２　史量才の若い頃の友人・雷継興の恩師の子で、雷継興の妻の弟。
注３　龐栄棣：『史量才：現代報業巨子』上海教育出版社１９９９年版、第68頁。
注４　龐栄棣：『申報魂：中国報業泰斗史量才図文珍集』上海遠東出版社２００８年版、第51頁。
注５　兪碩華：『憶史先生』『申報月刊・追悼史総経理特様』第三巻第22期、第51頁。
注６　方漢奇主編：『中国新聞事業史』人民大学出版社２００２年版、第１６８―１６９頁。
注７　謝介生：『世界報界名人来華者之言論叢輯及予之感想』『最近之50年―申報館50周年紀念』申報館１９２２年版。
注８　徐新平：『史家辦報―中国資産階級報業的主導思想』『求索』２００２年第５期。

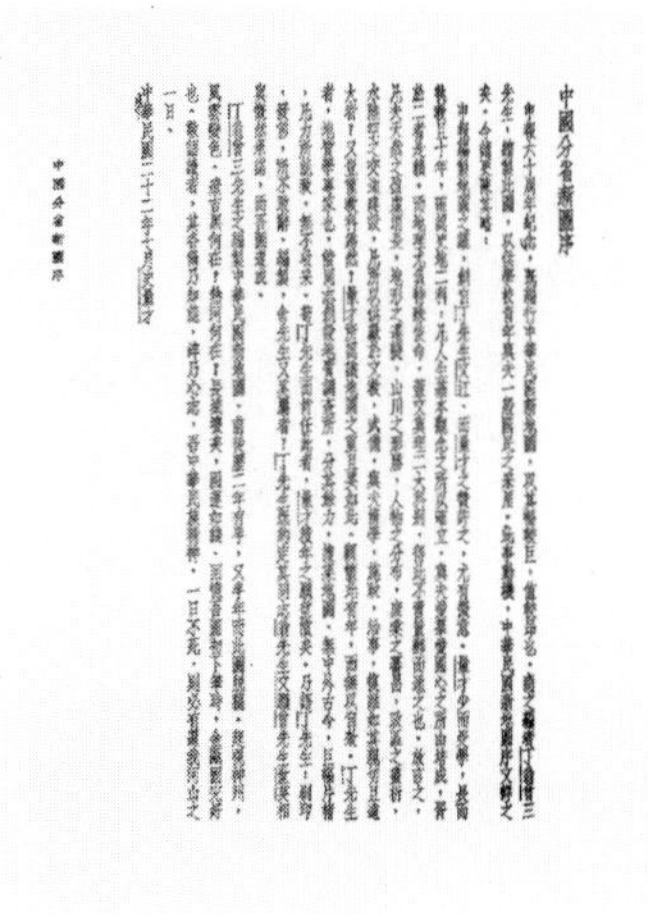

中國分省新圖序

中國分省新圖序

『中国分省新図序』

9　嶺南報道界の英才　鄭貫公

鄭貫公《ていかんこう》（1880―1906）は26歳の若さで亡くなり、その短い一生は劇的な色彩に満ちていた。報道の世界で働いたのはわずか六年間にすぎないが、その業績は歴史のなかで輝いている。記者人生は『清議報』から始まり、日本で留学生に向けて『開智録』を創刊した。また『中国日報』の文芸欄を担当し、香港で立て続けに『世界公益報』『広東日報』『有所謂』を創刊して編集長を務め、流行に乗って、香港の新聞界を席巻した。優れた論説や広東語色豊かな文芸記事を書き、広東・広西を中心とする嶺南地域で近代の傑出した記者となった。時代と共に前進して、孫文に従って革命を扇動した。辛亥革命の時期の優れた宣伝家だった。

嶺南報道界の英才

鄭貫公（1880―1906）の短い人生は、波乱に満ちていた。康有為と梁啓超の薫陶を受けたというのに、孫文の同盟会に参加した。日本に渡って新聞経営を学び、香港の報道界で活躍した。「中国のモーゼ」を自称し、大きな夢を抱いたが、これからという時に早世し、夜空を駆ける流星のように、光を解き放ち、つかの間の命は燃え尽きた。彼は辛亥革命の時期の著名な宣伝家で、近代の嶺南報道界の傑出した記者だった。

初めは『清議報』から

鄭貫公、元の名は道、字は貫一、筆名は自立、仍旧《じょうきゅう》、作旧庵、貫庵。広東香山（現在の中山市）の人。幼い頃は私塾で学び、「理解が早くて、暗記力が優れ、神童と目されていた」[注1]が、貧しさのため16歳で学校をやめた。彼は生計の道をはかるため、日本に渡って親戚の寿康が仲買人を務める太古洋行の横浜支店で働き、雑用ばかりの悶々とした日々をすごした。ただ、仕事のあいまに『事務報』や『知新報』など維新派の新聞を読めたことから、憂国憂民の思想が芽生えた。

戊戌の政変が失敗した後、梁啓超らが横浜で大同学校を設立し、保皇立憲思想を宣伝した。大同学校は入学試験で対聯を出題した。その上の句は「アメリカ人の自信は尽きることがない」だったが、受験した鄭貫公は下の句を「孔子の教えを提唱すればまだ遅くはない」と詠んでしっかり呼応したことから、

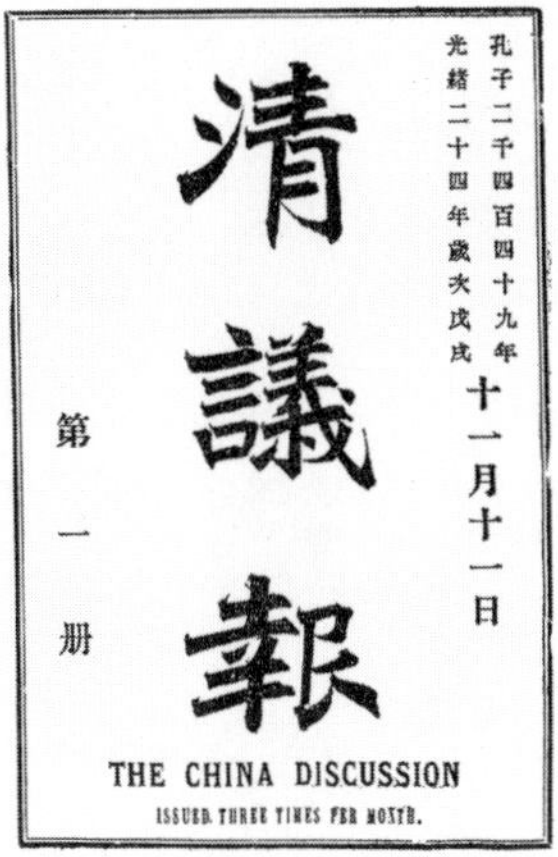
孔子二千四百四十九年
光緒二十四年歳次戊戌　十一月十一日
清議報
第一册
THE CHINA DISCUSSION
ISSUED THREE TIMES PER MONTH.

1

『清議報』

梁啓超は感心して、特別に学費免除で入学を許した。かくして、鄭貫公は辛い雑用から抜け出し、新しい学びの道を歩むことになった。

1898年の秋、鄭貫公は大同学校で馮自由《ふうじゆう》、秦力山、林述唐、蔡鍔、唐才常ら志を同じくする多くの優秀な仲間たちと知り合った。授業では、「日本語や英語のほか、欧米各国の革命の歴史、ギリシャ哲学やフランスのルソー、モンテスキュー、イギリスのダーウィン、スペンサーなどの学説を学んだ」[注2]。1900年の冬、大同学校は経営悪化のため改組された。鄭貫公は梁啓超の推薦で、『清議報』の編集助手を務めることになり、彼の記者人生が始まった[注3]。

『清議報』は梁啓超編集長のもと、自由・平等などの革命思想を唱えていた。それが康有為にはかなり不満で、すぐに梁を外し、保守派の麦孟華を編集長にすえた。その後は自由、独立、民主という言葉が紙面に一切現れなくなった。このため鄭貫公は別の場所へ移り、思想を宣伝することにした。

『開智録』の創刊

1900年12月、鄭貫公は同級生の馮自由、馮斯栾《ふうしらん》らと大同学校で開智会を創設した。その目的は、「民の知識レベルを高める」ことで、「自由な言論、独立した人民の権利を提唱し、人々を上から下まで啓蒙して、中国、日本、西洋の長所を紹介する」とした。[注4] 同月22日、彼らは『清議報』の印刷機と発行機関を利用して、開智会の新聞『開智録』を刊行した。活版印刷で、1日と15日に出版された。これは、日本の中国人留学生による最初の政治刊行物で、鄭貫公が編集長を務めた。『論説』『言論自由録』『雑文』『訳書』『偉人小説』『詞林』『時事笑譚』『粤謳解心』など、八つの欄があり、「自由・平等の真理を解説し、さらに歌や笑い話まで創作して、読者を引きつけた」という。

鄭貫公は『清議報』の編集者らしからず、「尊皇」の伝統を捨て去り、干支の年号を採用した。彼は創刊号で『開智会の発足』という文を書き、自由への思いを次のように表明した。「戊戌の政変以降、新聞社はどこも落ちぶれ、しかも暴力的な取り締まりを受けて、毅然として独立する者は、ますます減ってしまった。国賊は強い圧力で民の口をふさぎ、その発言権と幸福を奪い、自由の鐘の高鳴りを止めた、これは実に嘆かわしいことだ」。[注5] この新聞は西洋の革命運動の学説や歴史、例えば『社会契約論』『自由論』『民権真義』『フランス革命史』などを大量に紹介した。『帝国主義の発達と20世紀の前途』『義和団の功労』などの政治評論を次々と発表し、率先して「帝国主義」という概念を用い、強烈な反帝国主義思想を表している。鄭貫公は編纂した小説『モーゼ伝』を連載し、『たわむれに十八省の秀才が康有為に詰め寄る』という風刺的な笑い話を発表し、時にまじめに、時にふざけた態度で保皇派のリーダーに論戦を挑んだ。

『開智録』は海外の華僑社会にまで知れ渡り、アメリカ保皇会の党務に深い影響をあたえ、手紙でその目的を問いただされた。このため、『清議報』の責任者・馮紫珊《ふうしさん》は鄭貫公の編集の職務を解き、『開智録』の印刷許可を取り下げた。1903年3月20日に『開智録』が停刊となってから、鄭貫公は孫文を追いかけて香港に渡った。そして、孫文から香港の『中国日報』の編集を任され、革命記者の道を歩むことになった。

『中国日報』で先駆けとなる

『中国日報』は1900年1月に創刊された、孫文をリーダーとする香港興中会の機関紙で、陳少白が取り仕切った。当時『中国日報』は改版の作業を行っており、よいタイミングで鄭貫公がやってきた形になった。

鄭貫公の主な仕事は、文芸欄『鼓吹録』の編集統括だった。彼は名前を『雑俎《ざっそ》』から『鼓吹録』に改め、総合的な文芸欄に作り替えた。そして民謡や演芸、演劇などの台本を掲載し、文芸欄の先駆けとした。彼は『鼓吹録』を全面的に改めるなかで、前後を『小説』『雑文』『諧文』『史談』『粤謳』『南音』『班本』と『詞苑』『雑俎』『博物』などの専門欄に分け、様々なジャンルに、まじめさとユーモアを織り交ぜ、わかりやすく通俗的にすることで、より多くの読者を楽しませる工夫をした。彼は嶺南の文章スタイルをまねるのが好きで、伝統的な広東語を模写し、面白い書き方で革命を宣伝した。ユーモアにあふれるその文体は、広く読者に歓迎され、広東語の新聞記事の見本となった。[注6]

鄭貫公はあかぬけていておおらかだった。だれとでも付き合い、民主や自由を語るのが好きで、みんなに好かれた。香港でも有名になり、多くの若い香港人が彼と友達になりたがった。その一方『中国日報』の社長・陳少白は「度量がせまく、口が悪くて、いつもだれかと衝突しており」、仲間が離れていった。1901年8月27日、鄭貫公は瓊林酒楼で恵州蜂起のリーダー・鄭士良をもてなしたところ、鄭士良が心臓病で急に亡くなった。鄭貫公はひたすら悔やんだが、陳少白にこれを責め立てられ、彼は自分の地位が不安になって、辞職を決意した。

『世界公益報』から『広東日報』へ

1903年12月29日、鄭貫公は崔通約や譚民三《たんみんさん》らと準備して、『世界公益報』(The World News)を香港歌賦街32号で創刊し、鄭貫公が総編集長に就任した。この日刊新聞は二つ折りで、約4万8千字の記事を載せた。『時論』『京省新聞』『雑評』『万国新聞』『粤聞』『電報』『港聞』『雑文』『歌謡』『図画』などの欄があった。キリスト教信者から資金を得ていたため、何度も記事を妨害された。鄭貫公は『揚州十日記』の龍舟歌を刊行したことから、当局の訓戒を受けた。出資者が恐れをなして退いても、鄭貫公は原則を貫こうとしたが、最終的に彼は辞職することになった。

1903年3月31日、鄭貫公は香港の開智社から、『広東日報』(The Canton Times)を創刊した。そして自ら総編集長兼発行人となった。この新聞は地域の特色を打ち出し、巻頭には広東省の地図と警鐘を載せた。『言論界』『実業調査』『両粤要事』『東洋訪稿』『内地紀聞』『中国事』『外国事』『地方新聞』『電報』『戦警』『訳書』などの欄を開設している。彼は立憲君主制に反対し、暴力革命を主張した。そして、民主共和を宣伝し、『二十世紀の爆薬』『暗殺主義』などの文章を掲載した。本編の他に、『無所謂（どちらでもよい）』という自由な形式の付録をつけて専制を批判し、革命を鼓舞した。しかし残念ながら資金不足により、維持が難しく、1905年5月、李漢生に譲り渡した。

『有所謂』が人気に

1905年6月4日、鄭貫公は開智社の同僚に資金を集めてもらって『唯一趣報有所謂』（通称『有所謂』報）を創刊して、総編集長兼発行人となった。この新聞は彼が過去に編集した三紙にくらべ、内容がさらに過激で開放的になり、これまで以上に躍動的なスタイルだった。彼は刊行の言葉『開智社の最初の声』で、創刊の目的を次のように書いている。「言論によって外国人の横暴を牽制し、国家の裏切り者を批判し、政界の悪習を取り除くことで、民権への意識を育てたい」[注7]。『有所謂』はニュースと娯楽の二種類の内容を提供し、ニュースでは『博議』『短評』『訪稿』『要聞』『電音』『港聞』『来書』などの欄を設けた。娯楽としては『落花影』『前人史』『滑稽魂』『官紳鏡』『金玉屑』『新鼓吹』『社会声』『風雅叢』などの欄があった。文章はわかりやすく、主張は激烈で、強い愛国心と民族精神を情熱的に広めた。それが中国でのアメリカ製品ボイコット運動に人々を駆り立てることになった。

鄭貫公が『有所謂』を創刊したのは、まさにアメリカ製品ボイコット運動が激しく燃え上がっていた時期だった。各界の人々による抵抗組織が次々と現れ、アメリカが中国人労働者虐待に関する条約改訂を拒んだことに反対した。『有所謂』はアメリカ帝国主義による中国人排斥運動の暴力を告発していった。創刊してすぐ、『命の価値とは』という一文で、アメリカ人が理由もなく中国人労働者を水に投げ込み溺死させた事件を暴露した。中国人労働者の入国禁止と、残酷な迫害によって、わけもなく強権を誇示する野蛮な行為を非難し、アメリカ製品ボイコットなどの手段によって、帝国主義への戦いを仕掛けようと呼びかけたのだ。運動が始まってから、鄭貫公は『有所謂』で反米宣伝に最も尽力した人物となった。[注8] 彼は著名人の文章を編集したばかりでなく、自らも筆を執っている。7月22日、『有所謂』は鄭貫公の『アメリカ製品をボイコットせよ』という文を掲載し、「すべての広告において、アメリカに関するものは全部受け取らず、われわれは取引を拒む」と宣言した。8月12日から23日まで、11日間で五回にわけて、鄭貫公の長編論説『新聞が組織するボイコットのための機関』を掲載し、アメリカ製品ボイコット運動を通じて大衆の中に高まった反米愛国の情熱と闘争の正義を賞賛し、「わが老大国が未曽有の成果を上げた」[注9]と書き綴った。彼が革命宣伝を積極的に推し進めたのに対して、広東広西の総督・岑春煊は『有所謂』など五紙の革命新聞の内陸での販売を禁止に追い込んだ。『有所謂』は鄭貫公の一生で最も優れた新聞だ。馮自由はこれを「民族主義を広めた、中国日報に劣らない新聞だ」と認めた。麦思源《ばくしげん》は「人気において香港第一」と褒め称えている。

１９０６年5月10日、鄭貫公は愛妻の馬氏を看病していたところ、自らも病に感染し、わずか26歳にして不幸にも世を去った。鄭貫公が記者として働いたのは六年間にすぎないが、『清議報』『開智録』『中国日報』『世界公益報』『広東日報』『有所謂』の六紙を編集した。彼が創刊主編した『開智録』は日本留学生による初めての刊行物だ。『鼓吹録』では編集を統括し、『中国日報』の文芸欄の先駆けとなった。『有所謂』では人気が高まり、香港の新聞としてトップに立った。彼は文才に秀で、多芸多才で、優れた論説を書き、広東語の特色に満ちた文芸欄を設立した、近代嶺南を代表する記者だった。彼は時代と共に前進し、孫文の革命に追随して、辛亥革命の時期の傑出した宣伝家となったのだ。

注1・2　馮自由：『革命逸史・初集』中華書局1981年版、第82、83頁。
注3　姚申福：『学海泛舟20年：対新聞学和編集学的探索』香港語絲出版社2000年版、第210頁。
注4・5『開智録』1900年12月22日第1期。
注6　許翼心：『近代報業怪傑、文界革命先鋒―愛国報人、作家鄭貫公百年祭』『学術研究』2007年第7期、第154頁。
注7『有所謂』1905年6月4日。
注8　十四所高等院校合編：『中国新聞史』中央民族学院出版社1988年版、第233頁。
注9　鄭貫公：『拒約須急設機関日報議』『有所謂』1905年8月12日。

10 ペンによって一人立つ
章士釗

章士釗《しょうししょう》（1881―1973）は革命家、記者、政治評論家、高官、弁護士など、著名人として多彩な一生を送った。主筆を務めた『蘇報』や、創刊した『国民日日報』が国内に大きな反響をもたらし、これらの紙上で革命言論を発表した。さらに革命小冊子『蘇報案紀事』『孫逸仙』『沈藎』などを編集出版して人気を博し、辛亥革命前の最も影響力のある読み物として、革命思想の宣伝に大きく貢献した。彼が創刊した『甲《こう》寅《いん》』の論調は、過激なものから調和的なものまで幅広かった。段祺瑞《だんきずい》政府では司法長官と教育長官を兼ねて務めている。晩年は国民党と共産党の和議のために、何度も奔走した。

ペンによって一人立つ

章士釗は、革命家、新聞記者、政治評論家、高官、弁護士など、社会の名士として多彩な生涯を送った。彼の新聞の明確な目的は、自らの政治主張、革命や調和を宣伝することだった。1903年の春、彼は『蘇報』で記事を書き、6月にはその編集長を任され、記者として歩み始めた。言論弾圧の「蘇報事件」が起きたのち、陳独秀らと『国民日日報』を創刊した。1912年には于右任に招かれ、『民立報』の主筆となったが、8月には離職し、9月、王無生と共に上海で『独立週報』を創刊した。1914年には『甲寅』を創刊し、月刊・日刊・週刊の形で1927年まで発行した。その間、上海の『新聞報』主筆も務めた。章士釗が一生で最も活躍したのは1903年から1927年の期間だ。この時期に彼は記者、政府の役人、大学教授の仕事を勤めた。ただ、章士釗は記者としての影響力が最も大きく、その文章が天下にとどろいた。

『蘇報』と『国民日日報』で中国を揺るがす

章士釗（1881―1973）は、幼名が永焘《えいとう》、字は行厳《こうげん》、もう一つの字を行年と称し、筆名には章邱生《しょうきゅうせい》、黄中黄、愛読革命軍者、青桐《せいとう》、秋桐、民質、孤桐などを使った。長沙の東郷和佳冲の農家に生まれ、苦学して1902年に江南陸師学堂の試験に合格し、『国外に敵がなければ滅びる』という文で、校長の兪明震《ゆめいしん》に激賞された。

1903年春、陸師学堂で学業を放棄する者が現れ、章士釗も三十人以上と共に退学して上海へ行き、愛国学社に入った。その頃の愛国学社には急進的な人物が集まり、章士釗は章太炎、鄒容《すうよう》、張継らと意気投合し、兄弟の契りを結んだ。愛国学社は定期的に張園で演説集会を開き、反清革命をあおって、自分たちが自由にものを言える言論機関の設立を望んだ。その頃、『蘇報』の発行部数は少なく、愛国学社と契約を結んで、教員の蔡元培、呉稚暉《ごちき》、章太炎らが毎日交代で論説を書いていた。毎月新聞社は愛国学社に報酬100元を支援して、さらに章士釗を主筆として招き入れた。これは湖南出身の退職官吏・陳范（字は夢坡《むは》）が章士釗と同郷で、1899年の末に、1896年創刊の『蘇報』を引き継いだことによる。

章士釗が主筆となってから『蘇報』は、紙面を刷新した。1903年6月1日には「大改良」を宣言して特色を打ち出し、章太炎は記事の中で、革命は「動かしがたい決定事項だ」と述べた。2日には、「学会風潮」を一面の論説の後の目立つ位置に移し、『世論の検討』欄を新設して、「この新聞は世論を発表することを務めとする」と明確に打ち出すことで、『蘇報』を開放的な公共の論壇にしようとした。3日には「時事重大ニュース」を強化して、つまらない記事を減らし、「特別重大ニュース」と「編者の言葉」を新設した。6月7日と8日には、章士釗の『中国を制するのは革命党』という記事を連載し、陳范をかなり焦らせた。9日の朝、陳范は章士釗と顔を合わせ、『蘇報』の言論がこうも奔放では、自ら滅びてしまうと懸念を表明した。章士釗は深く恥じ入り、「どう答えていいかわからず、壁に向かって黙り込み」、辞職の準備をした。しかしその夜、陳范がまたやってきて、「ちょっと言いすぎた、元の二人に戻ろう」と言った。そしてためらうことなく手を取り、「この新聞は君に任せる、好きにやりたまえ」と述べた。[注1]その後、章士釗はますます過激に反清革命を宣伝した。

6月9日、章士釗は「愛読革命軍者」の筆名で、『「革命軍」を読む』を発表し、情熱的に鄒容の『革命軍』という本を褒め、「今日の国民教育における最高の教科書」と絶賛した。同じ日、『新書紹介』欄で『革命軍』の出版広告を出し、「筆鋒鋭く、深刻な言葉を用い、民族思想を持つ者ならば、それを読めば誰もが目を覚まし発奮するだろう」と称賛している。6月10日に、『蘇報』は章太炎の『「革命軍」序』を掲載し、「まるで雷鳴のようだ」「正義の軍の先駆けだ」と評価した。6月20日、『新書紹介』欄で章太炎の『康有為の革命を論じた書への反論』を推薦し、「厳しい警鐘になった」と褒め称えた。22日には、論説『殺人主義』を発表した。「敵を全て殺すまで止めない」「敵の血によってわれらの文明は立ち上がり、敵を斬らずには休まない。もっと殺そうではないか！」。6月29日、一面の目立つ位置に章太炎の『康有為と皇帝の関係』（『康有為の革命を論じた書への反論』からの抜粋）を載せ、革命を賛美し、光緒帝を「もののわからぬ若造」呼ばわりした。

１９０３年6月29日、清朝政府の要求のもと、何度も陰謀が企てられ、租界工部局はついに逮捕状を出した。6月30日、巡査が現れた時、章炳麟《しょうへいりん》（太炎）は自らの鼻を指差してこう言った。「他の誰でもない、章炳麟はこの私だ」。鄒容が7月1日に自首し、陳范が海外に逃亡した以外は、逮捕状に名のある残りの五人はみんな捕まり、「蘇報事件」は百年後まで語り継がれることになった。

陳范が逃げてから、章士釗の責任のもと、『蘇報』はそのまま七日間発行を続け、「新党の同志が密かに逮捕された」という情報を流しただけでなく、7月6日には章太炎の『獄中で記者に答える』という記事を掲載した。7月7日、『蘇報』はついに差し押さえられた。

章士釗は兪明震の手で守られた。蘇報事件が起きた一か月後、今度は陳独秀や張継らが創刊した『国民日日報』が、「第二の『蘇報』」と称され、上海の革命党によるもう一つの反清革命新聞となった。残念ながらこの新聞も長くは維持できず、1903年12月に停刊となった。この時期の章士釗は革命宣伝家として、『蘇報』や『国民日日報』に反清革命論を発表しただけでなく、革命小冊子『蘇報案紀事』『孫逸仙』『沈藎』などを編集出版した。それらは辛亥革命前の最も影響力ある革命宣伝の読物として人気が高まり、革命思想を広めるのに大きく貢献した。孫文はのちに彼をこう賞賛している。「行厳（章士釗）は雲の中の鶴のように勇ましく、山の松のように爽やかで……この人のおかげで革命が社会に知れ渡ったのだ[注2]」

『甲寅』の創刊で激しさから調和へ

1904年11月、万福華の王之春銃撃事件に巻き込まれ、章士釗は上海租界当局に逮捕された。翌1905年1月に出獄して日本へ渡り、その後イギリスに留学した。1912年2月に帰国し、于右任の招きに応じて、『民立報』の主筆に就任した。『民立報』は同盟会の機関紙で、章士釗は言論の独立した新聞にすることを望み、于右任は同意して「『独立』の二字を維持する」と約束した。まもなく、章士釗は「党を壊し党を作る論」を発表したところ、革命党の攻撃にあい、辞職に追い込まれて8月に『民立報』を離れた。9月、彼と王無生は上海で『独立週報』を創刊した。その冬には、袁世凱が彼を懐柔し、北京に来て憲法の起草を主宰するよう要請している。宋教仁が暗殺されてからは、彼は「第二革命」に参加し、「打倒袁世凱の宣言」を起草した。

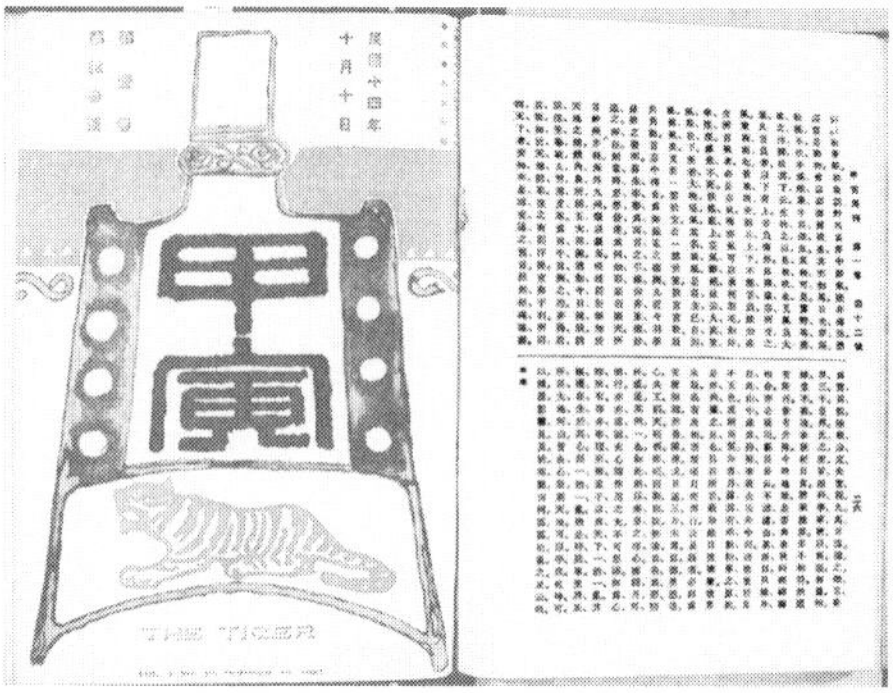

『甲寅』

「第二革命」失敗後、章士釗は日本へ逃れた。１９１４年５月10日、東京で月刊『甲寅』を創刊したが、１９１５年10月に発禁とされた。１９１７年１月、今度は北京で日刊『甲寅』を創刊し、これも６月に発行が停止された。その後彼は主に政界で活動した。１９２１年夏にヨーロッパ視察におもむき、１９２２年９月に帰国すると、１９２３年７月から１９２４年２月までは上海で『新聞報』の主筆を務め、１９２５年４月、段祺瑞政府で司法長官兼教育長官を任された。７月には週刊『甲寅』を創刊した。12月、教育長官をやめ、天津で『甲寅』の発行に専念した。それまでの時期は月刊の『甲寅』と日刊の『甲寅』が最も影響力を発揮したため、「前『甲寅』時代」と呼ばれている。

章士釗が日本で月刊『甲寅』を創刊したときには、自ら編集長を務める傍ら、陳独秀らの助けも借りた。当時は袁世凱が帝制を実施しようと企んでおり、『甲寅』はそれに反対する記事を大量に載せた。章士釗自身も『政本』『調和立国論』『フランク・ジョンソン・グッドナウと暫定憲法』『学問上の国家論』『民国本計論』などを次々と書き、専制理論を批判して、共和政治の基本精神を探求し、共和制の価値を守って、中国で連邦制を実施するよう主張した。

１９１７年1月、章士釗は今度は北京で日刊『甲寅』を刊行した。その頃の中国政治は前途多難だった。国内問題では国会の回復と憲法制定問題、そして孔子の教えを国教と定めるか否かといった問題が存在した。対外問題では第一次世界大戦に参加するか否か、政界の意見は鋭く対立していた。『甲寅』も論争に加わり、それが政界に大きな影響を生んだ。この時期の中国政治の核心はどんな国家を建設するかという点にあり、世論は民主国家を大筋で望んでいた。しかしどのように民主国家を建設するか、当時の思想界は熱烈に議論し、激しく争っていた。章士釗は制度から手をつけ、政党政治と内閣制を導入すべきと主張した。日刊『甲寅』の影響が明らかだった頃、張勲《ちょうくん》が帝政の復古を唱え出した。国会議員だった章士釗は、天津に避難し、まもなく日本へ渡って、日刊『甲寅』の発行を停止した。このように「前『甲寅』時代」の章士釗は独立独歩の大きな影響力を持った政治家で、超然とした姿勢の、優れた記者でもあった。銭基博がこの時期の章士釗をこう評している。「その空を舞うような筆致で、政情をえぐり出し、人々の求めることを語って、その文章は心に染み入り、誰もが愛読して、イギリスの作家ジョゼフ・アディソンにも匹敵する」[注3]

章士釗は五四運動の時期に『新聞報』の主筆を務め、週刊『甲寅』を長期に渡って運営したので「後『甲寅』時代」と呼ばれる。この間の章士釗は文化と政治の上では保守主義で、論争に明け暮れていた。それというのも彼が段祺瑞政府の司法長官だった時に学生運動を鎮圧したほか、その思想が保守的だったからだ。彼の保守思想は主に三つの面に表れている。一つ目は、工業化に反対したこと。中国が伝統的な農業国で、問題の解決にはそうした国情から考えねばならないとして、農業立国を主張した。二つ目は、政治の面で代議制と政党政治を拒否し、専門家による自治を主張したことだ。章士釗の農業立国と政治家に関する代表的な文章としては、『業治論』『業治と農業』『農国を弁ず』『農治の意味を述べる』『代議制を論ず』『再び代議制を論ず』[注4]『農国』『農治の翼』『農業による立国の理由』『業治を論ず』[注5]などがある。章士釗自身は問題解決の方法を見い出したと考えていたが、それらの文章は何度も批判を受けた。楊杏佛《ようきょうふつ》、陳独秀らは彼らの著作で次々と反論し、呉稚暉は章士釗の農業立国論が、国と民に災いをもたらす亡国の理論だとこき下ろした。[注6] 三つ目は、章士釗が新文化運動と白話文運動に反対したことだ。新文化運動に対して彼は、次の三つの論点から批判している。（1）中国文化の全般的な伝承が難しくなること。（2）文化を「新しく」するのは誤りだと考える彼の自論。（3）文化運動というやり方そのものがだめだということ。彼は、「運動というのは、大衆のはっきりとした期待と、全員の参加が必要なもの」だが、「文化とは、少数のエリートの独壇場で、庶民と分かち合えるものではない」とした。[注7] 新文化運動に反対したため、章士釗の名声は地に落ち、白話運動の「邪魔者」とさえ言われた。

国共合作のために奔走

章士釗はメディアの力を借りて、思想界や政界にまで大きな影響を生んだ政治家であり、政治活動においても多くの貢献があった。

１９３０年、張学良の招きに応じて彼は東北大学文法学院の教授を務めた。満州事変の後に辞職し、上海で「章士釗弁護士事務所」を設立した。１９４９年4月、南京国民政府を代表して、中国共産党と和平交渉を行った。新中国成立後は、人民代表大会常務委員会委員に選ばれ、国共和議のために何度も香港へおもむいた。１９７３年5月、「最高指示」によって、政府専用機で92歳の章士釗とその親族が香港へ飛んだ。それは「夫人の見舞い」という名目ながら、実際は台湾との関係回復という重責を帯びたもので、国内外で大ニュースとして伝えられた。彼はその年に、香港で病没している。[注8]

注1　章行厳：『蘇報案始末記叙』、中国史学会主編：『辛亥革命』（一）上海人民出版社１９５７年版、第３８８頁。
注2　劉成禺：『先総理旧徳録』『国史館館刊』創刊号、１９４７年12月、第52頁。鄒小駅：『章士釗社会政治思想研究』湖南教育出版社２００１年版、第14頁。
注3　銭基博：『現代中国文学史』岳麓書社１９８６年版、第４５６頁。
注4　以上は『新聞報』に発表。
注5　以上は週刊『甲寅』に発表。
注6　『農治述意』、章含之、白吉庵主編：『章士釗全集』第4巻、文匯出版社２０００年版、第３４７頁。
注7　章士釗：『評新文化運動』、章含之、白吉庵主編：『章士釗全集』第4巻、文匯出版社２０００年版、第２１１―２１６頁。
注8　鄒小駅：『章士釗社会政治思想研究・附録一章士釗生平活動大事編年』湖南教育出版社２００１年版。

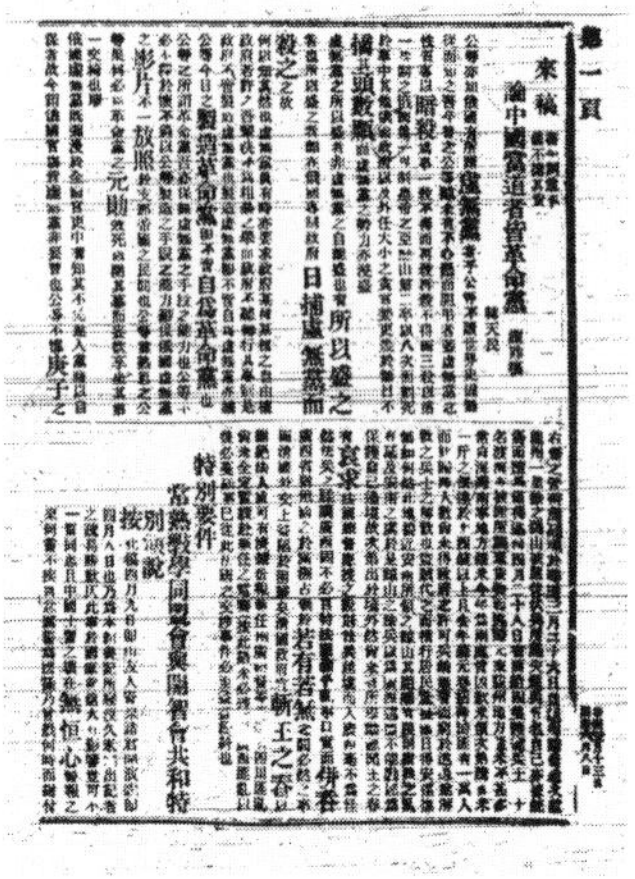
第一頁

來稿

論中國當道者皆革命黨

特別要件

『中国を制するのは革命党』

11 革命家にして記者 宋教仁

宋教仁《そうきょうじん》（1882―1913）は、若くして日本に留学していた頃、早くも雑誌を創刊して反清革命に参加し、その政治評論は独自の視点を持ち、史料を駆使して、筆鋒が鋭かった。毎日大量に記事を書き、内政、外交、経済、軍事、文化にまで言及した。国内問題では清朝政府を批判し、また対外問題については列強の侵略に反対して、民主革命を積極的に呼びかけた。その文章は「他の人とは異なる書き方で……新しい気風を生み、当時の人の尊敬を集めた」という。1912年に南京臨時政府が成立すると、宋教仁は議院内閣制の導入を強く主張し、ついにはその政治的理想のために若い命を犠牲にした。孫文が詩の中で述べている通り、「憲法のために血を流した、誰よりも公正な人」だった。

革命家にして記者

宋教仁（1882―1913）は、字を得尊、号を遯初《とんしょ》（または鈍初《どんしょ》、遁初《とんしょ》、敦初《とんしょ》とも）、別の号を漁父と名乗った。日本留学時には宋練、宋煉という偽名も使った。湖南桃源の人。1904年春、宋教仁は黄興らと長沙で華興会を創設し、反清革命のための活動を始めた。そして長沙での蜂起に失敗し、指名手配されるや、日本へ逃亡した。亡命の間、宋教仁は東京の法政大学や早稲田大学で学び、また雑誌『二十世紀の支那』を創刊し、積極的に革命を宣伝した。

1911年1月、宋教仁は上海に戻り、于右任社長の招きに応じて、『民立報』の主筆となった。国内問題では清朝政府を批判し、対外問題では列強の侵略に反対して、民主革命を率先して呼びかけた。1912年、南京臨時政府が成立すると、宋教仁は総統府法制院の総裁を務め、議院内閣制を強く主張したことから、当時の人はしばしば彼を「議会狂い」と呼んだ。臨時政府が北京に移ってから、宋教仁は農林総長に就いたが、まもなく辞職している。同年8月、宋教仁は同盟会を中国国民党と改め、その代理理事長に就任した。1913年、3月20日の夜、多数党のリーダーだった宋教仁は、内閣を組織するために汽車で北京へ向かうところを、不幸にも上海の駅で暗殺され、31歳でこの世を去った。

桃花源の異端児

1884年4月5日（光緒8年2月28日）、宋教仁は湖南省桃源県上坊村湘冲《しょうちゅう》（今の桃源県漳江鎮《しょうこうちん》漁父村）

の没落地主の家に生まれた。その平凡な命が、のちに国を動かす人物になるとは、誰も気づかなかった。

彼の故郷の桃源県は、東晋の田園詩人・陶淵明の『桃花源記』で描かれた地方だといわれている。美しい山水の、絵画のような風景は、実に静かで穏やかだった。『民立報』を編集した時期、宋教仁が「桃園の漁夫」と名乗ったのは、それが由来だろう。

だがその静かな土地が、大いなる異端児を生み育てたのだ。

1898年、16歳の宋教仁は結婚式で、地元の名士が「皇帝には多大な恩を賜り」、「国は安定し民は安らかだ」などとあいさつしたことにかなり不服だった。それで、彼はお祝いの席だというのに激しく嘆く言葉を述べた。「近頃は災害の年が続き、民の生活はとても苦しい。国には非道な者があふれ、野には餓死者が増え、庶民は深みにはまって火に焼かれるようだ。列強に土地を奪われ、国がこうだというのに、何が皇帝の恩か！」[注1]そのような場違いな言葉を聞かされた名士たちは驚きのあまり、「狂ってる、ここにはいられん」とつぶやき、みなあたふたと帰っていった。

1899年、宋教仁は漳江書院に入学した。在学中は、いつも気の合う友達と酒を飲んで語り、内外の政治を批評しては、古今の問題をあれこれと論じ合った。彼の眼光は鋭く、見解は独特で、話によどみがなく、すぐに異端児として知れ渡った。ある時宋教仁はこんな世間話をした。「中国は満州人に長く牛耳られてきた。もし英雄が現れ、武昌を奪い、東の九江を押さえ、そして江南へ下り、北の武昌の関を出て、黄河の鉄橋を断ち、さらに西の蜀に通じ、南で湖南の穀物を確保し、湖北を占拠してしまえば、天下を手中に収められる」[注2]。彼がそのような「戯れ言」を繰り返すと、同級生の一部は遠ざかっていった。けれど、宋教仁はいつも気にせず、自由にふるまった。

漳江書院は開かれた新しい学校だったが、1903年に廃校となり、宋教仁はその年の春、武昌普通中学堂に入学した。その間、彼は西洋文明の思想とあり方を学び、黄興、劉静庵、田桐《でんとう》、呉崑《ごこん》らと知り合い、のちのちまで革命の戦友として交わった。

1903年、黄興は宋教仁らの助けを受けて華興会を創設し、清朝を打倒して、共和国を建設するという革命の目標を立てた。その目標を実現するために、湖南の華興会は湖北科学補習所と力を合わせて、西太后の70歳の誕生日に長沙で蜂起しようと企てた。ただ彼らには厳しい規律や闘争経験もなく、蜂起の前夜に会員が秘密を漏らしてしまった。宋教仁が最初に率いた武装蜂起は、こうして失敗に終わったのだった。清政府が躍起になって捜索するのを見て、宋教仁はやむなく日本へ逃れ、六年間の新しい生活を始めた。

ペンにより議会制を要求

日本への亡命期間中、宋教仁は多くの人と付き合い、すぐに留学生の間でリーダーになっていった。当時多くの留学生は日々遊び歩き、夜は浮かれ騒いで、志を失っていた。宋教仁は人々の心に革命をしみ込ませるためには、世論を巻き起こさねばならないと考えた。そこで雑誌を創刊して、民衆に道徳と知識の進歩を促そうと思い付いたのだ。

その頃、日本の留学生が創刊した雑誌はすでに数十種類かあったが、『湖北学生界』『新湖南』『浙江潮』『江蘇』のように、いずれも省の名を冠していた。これらの雑誌の多くは国を愛し救うことをテーマにしていたが、その雑誌名が示す通り、せまい郷土に捉われ、派閥意識が明らかだった。そこで宋教仁は新雑誌を『二十世紀の支那』と名づけ、郷土にしばられず、人々が全国的な目で中国革命を目指すよう望んだ。さらに、反清革命の精神を表すため、宋教仁は清朝の年号ではなく中国人の先祖とされる伝説上の帝王「黄帝」に基づく紀元の年号を使うことに決めた。年号の問題は革命の整合性と関わるため、その意味は非常に重要だ。

宋教仁は事務を統括すると同時に、多くの記事を書かねばならなかった。創刊号では、四分の一が彼の筆によるものだった。劉成禺《りゅうせいぐ》は主筆を務める『大同日報』の中で、『二十世紀の支那』という雑誌は「宋教仁一人の手によるものだ」[注3]、と評しているが、それもあながち誇張だとは言い切れない。彼の政治評論は、どれも筆鋒鋭く、視点が独特で、他の書き手とはどこか違っていた。『漢族侵略史』という文章で、宋教仁は大量の歴史資料を駆使し、日本人の目には、中国民族の歴史が服従、後退、無思慮の弱小国と映っていると糾弾し、中国民族の自尊心と自信を大いに呼び覚まそうとした。『西にある第二の満州問題』では、ロシアの新疆侵略への野心を暴き、新疆は最終的に中国西部における「第二の満州」になりうると警告した。『中立国の防衛』では、日露戦争の目的が中国東北部の奪い合いであると、明確に分析し、留学生の多くが日露戦争をアジアの勝利だと考える愚かさを矯正した。

しかし第一号の成功は、『二十世紀の支那』に飛躍をもたらさなかった。第二号に掲載した『日本の政治家の中国観』で、日本の遼東半島への領土的野心を暴いたことが日本当局を激怒させ、雑誌は停刊に追い込まれた。

１９０５年９月21日、黄興は、同盟会の幹部会議で、『二十世紀の支那』を会の機関紙にしようと提案した。旧雑誌とは無関係を装うため、『民報』という誌名を採用し、三民主義を宣伝することにした。

会では宋教仁が庶務の責任者に任命され、『民報』の全てを取り仕切ることになった。その後、『民報』は徐々に辛亥革命期の世論の中心となっていく。

同時に、宋教仁は東京で、著名な愛国雑誌『醒獅《せいし》』に記事を書いた。そのなかの『西太后の立憲政治』と『袁世凱は国民を敵に回す』は彼の代表作で、前者では清朝の統治者はにせの立憲を企てていると指摘し、後者ではアメリカ製品ボイコット運動を禁止した袁世凱の売国行為を非難している。

1911年1月、宋教仁は日本から帰国した。そして于右任社長の招きに応じて、『民日報』の主筆に就任し、毎日大量の記事を書いた。その内容は内政、外交、経済、軍事、文化など多岐にわたり、読者に大いに歓迎された。彼の『東アジア二十年の時局』『国際法の新発明』『モンゴルの災い』『雲南西の災い』『にせの仁義と真面目』『自由行動の流行』『二百年来のロシアへの憂い』『外債について』『変節的な割譲』『またも北方を割譲』などの文章は、事実にもとづき、世界における中国の当時の地位について、全面的に分析している。日露戦争以降、列強は中国に対し、奪った領土の保全や門戸開放、そして機会均等の政策を取り、中国との均衡を維持しようとしている、と宋教仁は感じていた。しかしそれは中国との友好を求めてそうしているのではなく、列強と中国との勢力がつり合っていないためだ。だから列強は現状維持を望み、「将来まで変えようとしないだけ」にすぎない。だから今は見かけ上危機が緩和したように見えるがその背景にはさらなる領土の危機が隠されているのだと、彼は指摘した。

陳布雷が宋教仁の政治評論を次のようにはっきりと評価している。「学識にもとづいて国際情勢を論じ、人とは違う書き方で……新しい気風を生み、当時の人の尊敬を集めた」注4

憲法のための死

南京臨時政府が成立すると、宋教仁はのちに現れるであろう袁世凱の独裁統治に対抗しようと、アメリカ式の大統領制ではなく、フランス式の議院内閣制の導入を強く主張した。そうすれば上に立つ者の権力を最大限に抑えられ、野心に満ちた袁世凱が総統になっても、制御できると考えた。また、政党政治を実行する上で、同盟会の名を国民党に改め、国会内で多数党の地位を獲得さえすれば、組閣によって合法的に政権を取り、総統を罷免することもできると主張した。

議会政治の理想を実現するため、宋教仁は党の内外を絶えず駆け回った。改組した国民党を国会の第一党にしようと、南方の各省で講演し、また北に向かって組閣を準備した。……このように宋教仁や無数の革命党人は、文明的なやり方で、政治上の困難を平和的に解決することを望んだのだ。

けれども、歴史は残酷で深刻な道をたどり、革命を求める人々の純粋な思いを一気に打ち砕いた。その残酷な物語中で、宋教仁はその命を差し出すことになった。

１９１３年３月20日夜10時45分、上海滬寧《こねい》駅に三発の銃声が響き、宋教仁は体を揺らして、血だまりのなかに倒れた。翌々日22日の早朝４時48分、重体だった彼は不幸なことに31歳の若さで世を去った。

死後、孫文は彼のために次のような詩を詠んでいる。「公民の権利を守り、死んでいった君の、後ろをみんなが続いていく。憲法のために血を流した、誰よりも公正な人だった」

変わり者として見られた三十年、宋教仁の真心が思いもかけずこのようなやり方で国に報いるとは、涙を禁じ得ない。

注1　劉景泉、張健、王雪超：『宋教仁』団結出版社2011年版、第10頁。
注2　呉相湘：『宋教仁伝』中国大百科全書出版社2009年版、第14頁。
注3　劉景泉、張健、王雪超：『宋教仁』団結出版社2011年版、第46頁。
注4　陳布雷：『陳布雷回顧録』上海書店1990年版、第46頁。

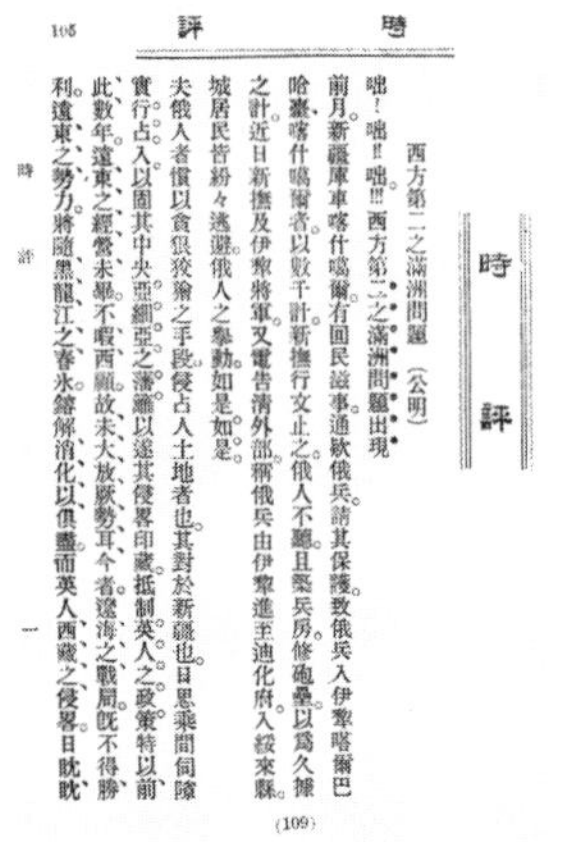

108　時評

時評

西方第二之滿洲問題　（公明）

咄！咄!! 咄!!! 西方第二之滿洲問題出現

前月新疆庫車喀什噶爾有回民滋事通款俄兵請其保護致俄兵入伊犂喀爾巴哈臺喀什噶爾者以數千計新撫行文止之俄人不聽且築兵房修砲壘以爲久據之計近日新撫及伊犂將軍又電告淸外部稱俄兵由伊犂進至迪化府入綏來縣城居民皆紛々逃避俄人之舉動如是如是

夫俄人者慣以貪狠狡獪之手段侵占人土地者也其對於新疆也日思乘間伺隙實行占入以固其中央亞細亞之藩籬以遂其侵畧印藏抵制英人之政策特以前此數年遼東之經營未畢不暇西顧故未大放厥勢耳今者遼海之戰局既不得勝利遼東之勢力將隨黑龍江之春氷銷解消化以俱盡而英人西藏之侵畧日眈眈

時評　一

(109)

『西にある第二の満州問題』

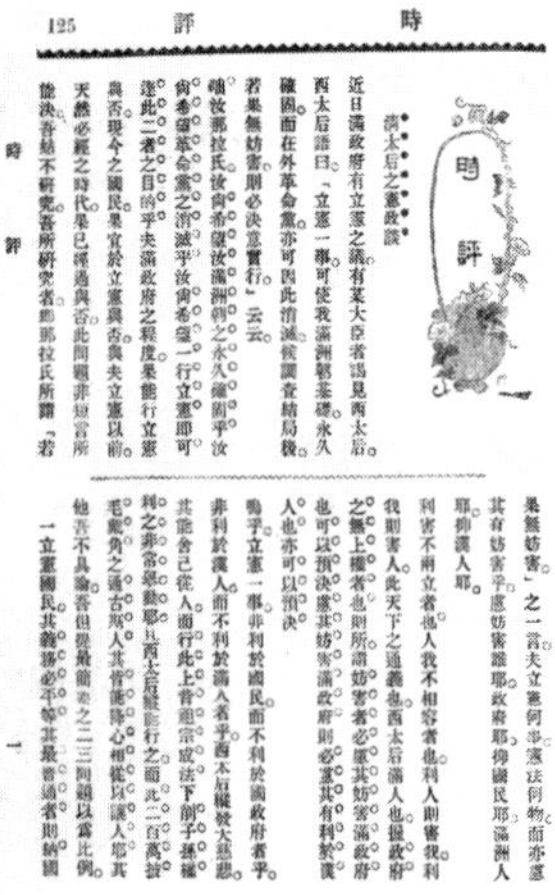

125　時評

時評

西太后之憲政談

近日滿政府有立憲之議有某大臣者謁見西太后。西太后語曰「立憲一事可使我滿洲朝基礎永久確固而在外革命黨亦可因此消滅候調査結局後若果無妨害則必決意實行」云云

時評　一

『西太后の立憲政治』

12 直言居士

邵力子

邵力子《しょうりきし》（1882―1967）は、清朝末期から、中華民国、新中国にかけた三つの時代を経験し、波瀾万丈の人生を送った。思想も複雑に曲折したが、常に変わらず、愛国の思いを強く持ち続けた。辛亥革命の前後では、于右任とともに『神州日報』『民立報』『民国日報』などの革命新聞を創刊し、革命を宣伝して、軍閥の統治と帝国主義の侵略に反対した。五四運動の時期には『民国日報』の特集欄『覚悟』で編集長を務め、中国で最初にマルクス主義を広めた新聞の一つになった。邵力子は清らかな心の持ち主で、中華民族の団結と繁栄のために必死で働き、「和平老人」と称えられた。

直言居士

邵力子は国と民主主義のために活動した、近代の著名な革命記者だ。彼は清朝末期から、中華民国、新中国にいたる三つの時代を経験し、孫文が率いた辛亥革命や、その後の民主主義革命に参加した。五四運動にも積極的に加わり、マルクス主義を宣伝した。彼は長期に渡り国民党の蒋介石陣営に属したものの、第一次と第二次の国共合作にしっかりと貢献した。新中国が成立しても、彼の愛国心は衰えず、社会主義の建設に身を投じ、国家の発展と両岸統一のため策を献じた。彼は生涯多くの経験を積み、思想も複雑に曲折したが、国を強く愛する心は常に変わらなかった。愛国思想と同じように貫いたのは、記者としての豊富な活動だ。辛亥革命以前、彼と于右任は『神州日報』を創刊し、暗い清朝の統治を非難して、帝国主義の侵略を暴き、民族民主革命を宣伝した。辛亥革命の後、彼らはまた上海で『民立報』『民国日報』を次々と創刊し、袁世凱と北洋軍閥に対抗した。五四運動の後は、愛国の立場を固め、古い民主主義革命から新しい民主主義革命へと時代が転換していく流れのなかで、多くの有益な仕事を行った。当時彼が特集欄『覚悟』の編集長を務めた『民国日報』は、中国で最も早くマルクス主義を広めた新聞の一つだ。彼は副校長を務めた上海大学で、革命の中核となる多くの青年を育て、上海の共産主義グループの建設にも加わっている。邵力子はさわやかな心で、勇敢に働き、清廉な役人にもなったが、あえて直言をはばからず、中華民族の団結と繁栄のために必死で働き、「和平老人」と称えられた。

革命に身を投じた挙人

邵力子（1882―1967）は、元の名を聞泰《ぶんたい》といい、字は仲輝。力子というのは彼が『民立報』で使った筆名で、『後漢書』の「遊ぶ子を天は棄て、力《つと》める子を天は富ます」から取っている。1882年12月7日に浙江紹興で生まれた。父の邵霜《しょうそう》は江蘇県の副官を務めた。邵力子は幼くして父を亡くしたため祖父に育てられた。正当な国学の教育を受け、一度は科挙に合格したが、その志は官職にはなく、上海で西洋の学問を修めた。

1902年、邵力子は同郷の蔡元培が主任教師を務める南洋公学の特別クラスに入学した。1905年には馬相伯が上海に創設した震旦公学に入り、そこで清朝に指名手配されていた陝西の才子・于右任と知り合い、二人は親友となった。翌年、馬相伯は学生を引きつれて復旦公学（のちの復旦大学）を創設し、邵力子と于右任を教授として招いた。その後邵力子と于右任は馬相伯の同意を得て、日本へ留学し、そこで孫文と出会った。そして中国同盟会に加わって、孫文のあとに続き、反清革命に身を投じた。

中華民国へつながるペン

日本に留学した邵力子は、主に新聞学を研究した。邵力子と于右任は同盟会が東京で創刊した『民報』の伸びやかで詳しい政治評論や、留学生が出した革命新聞に感動し、帰国後は言論で国を救い、革命のために声をあげようと決心した。1907年から1925年の18年間、邵力子は、于右任や葉楚傖らと共に、『神州日報』『民呼日報』『民吁日報』『民立報』『生活日報』『民国日報』など多くの新聞を次々と刊行し、中国近代革命の宣伝事業に大きく貢献している。

『神州日報』は1907年4月2日、上海で創刊された。これは同盟会が上海を中心とした東南八省で革命を広めるための大型日刊新聞で、経費は于右任や邵力子が留学生たちから集めてきた。「神州」と名づけたのは、文字通り「中華民族の祖国への思いを呼び覚まし」、「潜在する民族意識を奮い立たせよう」[注1]としたためだ。『神州日報』は創刊後、各地の革命党員の反清活動に関する情報を多く伝え、清政府の無能と残酷さや、帝国主義国による略奪や侵略が中国に多くの罪をおよぼしたことを暴いた。秋瑾が処刑された事件では、紹興の府知事を国賊だと非難し、強い共感を呼んだ。『神州日報』に続いて、邵力子と于右任は1909年5月15日に『民呼日報』の創刊を準備した。この新聞は「民の命を救おうと大声で呼びかけること」を目的に、清の役人たちの腐敗や庶民いじめを暴露し、その言論は『神州日報』よりも激しかった。恐れをなした清政府は租界当局と結託し、『民呼日報』を出版92日後の8月14日に停刊に追い込んだ。彼らは10月3日、『民呼日報』と同じ所在地で、新たに『民吁日報』を創刊し、日本帝国主義の侵略活動を暴き立てたが、こちらもわずか48日で廃刊となった。1910年10月、邵力子は于右任と計画して、革命派による大型日刊新聞『民立報』を上海で創刊した。この新聞は「国民の責任感に働きかけ」、「国民の正統な言論を作り上げよう」と呼びかけるのがテーマで、清政府の「立憲制の準備」がまやかしだと訴え、武装蜂起の必要性と正統性を論じた。『民立報』は世論の陣地となり、同盟会がある上海と東南各省の連絡機関としても反清革命のために重要な役割を担った。『民立報』は辛亥革命ののち、事実上、南京臨時政府の機関紙となったが、1913年8月25日に袁世凱政府によって差し押さえられた。『民呼日報』『民吁日報』『民立報』を、新聞の歴史において「縦三民」と呼んでいる。

袁世凱は政権を握ると、恥じもせずメディアを迫害し、言論を封じた。邵力子は難しい環境のもと、くじけずに1913年10月、『民国日報』の前身となる『生活日報』を刊行している。さらに1915年12月には上海で『民国日報』を創刊した。この新聞は中華革命党の秘密の機関紙となり、革命党の指導に従った。邵力子は経営と編集を任され、十年近く主な論評を書き記し、民族民主革命における巧みな一本のペンとなった。

五四運動が高まるなかで、『民国日報』は1919年6月16日に『覚悟』という特集欄を創設し、邵力子がその編集長を務めた。『覚悟』は積極的に新思想や新文化を紹介し、五四運動を支持した。邵力子は毎日自ら短評や時論を書き、マルクス主義や革命の宣伝に力を入れ、軍閥がのさばることに反対した。また、国外の新しい学説を紹介し、当時の北京四大特集欄の一つとまで言われるほど流行した。1920年、邵力子は上海の共産主義グループの一員となり、『覚悟』をそのグループの影響下において、マルクス主義の宣伝の場とした。反帝国主義、反封建主義の立場を堅持して、多くの共産党員の文章や講演録を発表し、レーニンの『帝国主義論』など重要なマルクス主義の著作の翻訳を載せた。当時の『覚悟』は組織上は、共産党の直接指導を受けていなかったため、マルクス主義以外の文章や著述も掲載していた。[注2]

1925年夏、邵力子は「五・三〇運動」を率いて参加したため、指名手配されて上海を離れ、広州に向かった。『民国日報』やその特集欄『覚悟』はだんだんと国民党右派に侵食されていく。

愛国に悔いることなし

いた。邵力子は1920年以前にも、陳望道が訳した『共産党宣言』や日本のマルクス主義の書籍に触れていた。1920年、邵力子は陳独秀が上海で組織した「マルクス主義研究会」に加わった。この研究会はやがて共産主義グループに転換したが、邵力子は新聞社の仕事が忙しいため、グループの活動にあまり参加しなくてよいという同意を得ていた。それでも『覚悟』の編集がグループの影響をある程度受けたのは自然なことだった。1921年の中国共産党「第一回全国代表大会」と、1924年の国民党「第一回全国代表大会」に、邵力子は「『民国日報』の陣地を守る」との理由でいずれも参加していない。[注3]

「五・三〇運動」ののち、邵力子は杭州に向かい、黄埔軍官学校の事務局長や書記長、政治部主任を歴任した。1926年1月には国民党中央監察委員に就任した。7月、国民革命軍が北伐のため兵を出し、邵力子は総司令部の書記長となった。同年11月、彼は国民党を代表してモスクワへおもむき、第三インターナショナルの第七回拡大会議に参加した。上海を経由した時に中国共産党中央が彼の送別会を開き、「純粋な国民党員の身分で、国民党を代表してソ連の会議に出るのだから、共産党を脱退しては」と勧められた。邵力子はその意見を受け入れ、共産党を脱退した。[注4]

組織からは抜けたものの、邵力子はその後の数十年間、国共両党が競合した政治の境目付近で、党派の争いを超えて働き、国家民族の利益を重んじて、正しい選択を行ってきた。1936年の西安事件ののち、陝西省の主席だった邵力子は抗日連合戦線を形成するため、積極的に動いた。1937年、彼は国民党中央宣伝部長となり、国共第二次合作の基礎作りのため、多くの仕事をした。彼は中国共産党が南京で創刊した『新華日報』を支持し、『魯迅全集』の出版を承認し、『毛沢東自伝』を『文摘』で発表することを許可した。

抗日戦争の勃発後、邵力子は国際反侵略同盟の中国分会副主席、国民外交学会会長、中ソ文化協会副主席、軍事委員会戦区政務委員会書記長、中央政治学校政務委員などの職に就いた。１９４０年から１９４２年にかけては駐ソ連大使を務めている。１９４３年に帰国すると、国民参政会書記長、憲法促進委員会書記長に就いた。１９４５年、国民党の代表として重慶交渉に参加し、『双十協定』締結のため、積極的な役割を担った。翌年初めには国民党の代表として、重慶で行われた中国政治協商会議にも出席した。

１９４６年、内戦が全面的に勃発すると、蒋介石は一方的に南京で「国民大会」を開いた。邵力子は選挙の参加を拒み、大会書記長の就任をはっきり断った。１９４７年４月には国民政府委員、社会経済研究会委員の職に就いている。国民党政権の敗北が決定的になると、蒋介石は１９４９年初めに引退を宣言した。代理総督の李宗仁は邵力子や張治中らを派遣して、国民政府を代表させ、中国共産党と和平交渉を行った。交渉が失敗すると、邵力子らはきっぱりと国民党離脱を宣言した。10月には開国大典に出席した。

新中国が成立すると、邵力子は中国人民政治協商会議代表（主席団のメンバー）、政協全国委員会常務委員、政務院政務委員などを歴任し、また華僑事務委員会、国民党革命委員会、世界和平理事会、全国文芸連合会、外交協会、青年出版社などの職にも就いた。１９４５年以降、邵力子は全国人民代表大会常務委員会委員、中国人民政治協商会議常務委員会委員、中国国民党革命委員会中央常務委員などに再任され、国の発展と祖国統一の大事業のために献策を行った。そして１９６７年12月25日、北京でその生涯を終えた。

注1　朱順佐：『邵力子伝』浙江大学出版社１９８８年版、第40頁。
注2　傅学文：『邵力子生平簡史』『邵力子文集』中華書局１９８５年版、第21頁。
注3　袁鐘秀：『邵力子』、朱信泉、宗志文主編：『民国人物伝』第７巻、中華書局１９９３年版、第３頁。
注4　傅学文：『邵力子生平簡史』『邵力子文集』中華書局１９８５年版、第14頁。

民國日報
馬玉山公司
招股值理諸公鑒
馬玉山公司
請領股票廣告

『国民外交的真面目』

13　革命新聞の元勲　馮自由

馮自由《ふうじゆう》（1882―1958）は、日本の横浜で生まれ、13歳の時に興中会に最年少メンバーとして加入した。若い頃は国内外で『開智録』『民国報』『民国雑誌』の創刊に参加し、そして『中国日報』『大漢公報』『新民国晨報』『大同日報』の仕事を主宰して、自由や平等といった理念や、民主主義革命の綱領を伝えることに力を注いだ。何度も武装蜂起に加わって計画を立て、辛亥革命の功労者として見事な働きを見せた。のちに国共合作に反対したため党籍を剥奪されたが、辛亥革命の歴史研究に没頭するようになり、失ったものをのちに取り戻した。

革命新聞の元勲

馮自由は中国国民の革命史上、最も若い革命家で、孫文の国民革命に付き従い、「最年少の党内元老」と称えられた。孫文の革命理論は彼が略称した「三民主義」に集約されている。国共合作に反対したために党籍を剥奪されたのを境に、馮自由の履歴は二つの段階に分けられる。一つは偉大な革命の先駆者で、元勲だった時期。もう一つは辛亥革命の歴史研究者として功績を上げた時期だ。革命の先駆けとして、彼は革命思想を宣伝し、資金を集めるために、『開智録』『民国報』『民国雑誌』などの多くの新聞・雑誌を国内外で創刊した。その他に、同盟会の機関誌『中国日報』『大漢公報』『新民国晨報』『大同日報』の編集を主導し、人が生まれながらに持つ人権や、自由平等といった革命思想を広めることに力を尽くした。１９０６年には、同盟会香港分会の会長となり、孫文による各地の蜂起を助けた。南京臨時政府が成立すると、総統府の機密を預かる秘書となり、その名に恥じない革命の元老となった。しかし国共合作に反対したため党籍を剥奪されたが、その後は歴史書の執筆に没頭し、『中華民国開国前革命史』や『革命逸史』を著して、「革命史家」としての地位を確立した。

少年革命家

馮自由（１８８２―１９５８）は、元の名を懋竜《ぼうりゅう》、字を建華といい、のちに自由と改名した。１８８２年12月22日に日本の横浜で生まれたが、本籍は広東南海だった。彼の祖父は太平天国を支持した嫌疑で投獄され、迫害を受けて死亡した。父の馮鏡如は憤然として日本の横浜へ逃れ、文具印刷の仕事に就いた。興中会が成立した翌年、孫文は日本で組織を発展させ、馮鏡如から資金援助を受けた。当時13歳だった馮自由も父と一緒に興中会に加わり、当時の最年少メンバーとして、少年革命家を自称した。馮鏡如は入会後に興中会横浜分会会長に推された。その後、馮家の自宅はずっと革命党の連絡所となった。[注1]

馮はそれから興中会の革命宣伝雑誌に触れるようになり、１８９７年に横浜華僑大同学校に入学した。１９００年には早稲田大学政治科に入り、『フランス革命史』や『アメリカ独立史』などの進歩的な書籍を読みあさって、自由や平等、人権について学び、民族独立という思想の薫陶を受けた。１９０１年、19歳になった馮は広東出身の留学生、王寵恵《おうちょうけい》や李自重らと共に広東独立協会を組織し、[注2]フランス勢力の広東への侵入に反対した。その後馮はさまざまな革命活動に積極的に加わり、新聞の力を借りて革命のために奔走した。

１８９９年、梁啓超が戊戌の政変後に横浜で保皇会を創立し、『清議報』を発行して、「自由、独立」という言葉の使用に反対したことに馮は反感を覚え、１９００年に元の名の「懋竜」から「自由」と名を改めて真っ向から対立した。[注3]保皇会の言論に反抗するため、同年12月に馮自由は鄭貫公らと横浜で半月ごとに発行する雑誌『開智録』を創刊し、人権について詳しく説いて、自由平等という思想を広めた。この雑誌は「自由平等などの真理を追究し、歌謡や笑い話などの創作も掲載したため、多くの人々を引きつけた」。[注4]鄭貫公が『清議報』の編集も担当していたため、『開智録』は『清議報』の海外販路の助けを借り、「『清議報』が読まれる地域では、『開智録』が必ず読まれるようになり、各地の華僑はその文章のわかりやすさ、論旨の新しさをとても歓迎し」[注5]、その影響は大きかった。

翌年、秦力山《しんりきざん》、王寵恵、張継が東京で『国民報』を創刊すると、馮自由も進んでそれに協力した。この新聞は「世界の道理を明らかにし、国民の精神を奮い立たせること」[注6]が目的だった。そして、力を込めて反清革命を提唱し、激しい言葉で、孫文の民主主義の綱領と主張を宣伝して、留学生の手で革命新聞を作る先駆けとなった。[注7] 1903年、馮自由は香港興中会の機関紙『中国日報』と、サンフランシスコのアメリカ致公党による機関紙『大同日報』に、駐東京通信員として招かれた。『大同日報』では東京の発行人も兼ね、新聞で留学生の情報を提供した他、各地の革命組織間の情報伝達や、党務の連絡も行い、華僑に向けて革命思想を宣伝することにも貢献した。

武装蜂起と『中国日報』

1905年に馮自由は中国同盟会の最初のメンバーとなり、同時に同盟会の評議員を任された。彼の本籍が広東だったため、孫文は彼を香港、マカオ、広州などに派遣して、華僑から革命への支持と資金提供を募り、武装蜂起を計画した。その頃、秋瑾が馮自由の紹介で中国同盟会に加入している。翌年、馮自由は同盟会香港分会の会長と、『中国日報』の社長兼総編集長を任され、黄興と共に潮州黄岡や、恵州七女湖などで武装蜂起を率いた他、欽州防城、広西鎮南関、欽州馬篤山、雲南河口、広州黄花崗などの蜂起計画にも間接的に参加した。[注8]

『中国日報』は同盟会の機関誌で、主に孫文の革命綱領や政策を世に広めた。そして民主革命を宣伝し、清政府の専制統治を非難した。馮自由が総編集長になると、『中国日報』は反清革命への姿勢をより鮮明にした。1908年、清朝の帝位を溥儀が継いだのち、摂政が漢族排除の政策を断行した。これに対して『中国日報』はその悪行を暴いて、反清革命への情熱を呼び起こし、「まだ乳離れもしないうちから漢族を排除するとは」で始まる文章をかかげて、国内外からそれに続く対聯の句を募る活動を展開し、巨大な反響を引き起こした。[注9]

革命資金を海外で募る

1910年夏、孫文の指示を受けた馮自由は、香港からカナダへと渡り、バンクーバーの『大漢日報』の主筆と『新民国晨報』の編集長を務めた。[注10]そして保皇派の『日新報』と論戦を繰り広げ、革命への力を蓄えた。それと同時に、馮自由はカナダの各都市をめぐって、三民主義を宣伝し、華僑から軍事費を募った。1911年4月、カナダ同盟会支部を設立し、馮自由が支部長を任された。同年夏、馮自由はサンフランシスコに移って『大同日報』の編集長となり、『大同日報』と『大漢日報』は、共に反専制政治を唱え、自由平等の思想を強く主張した。また、彼の努力で、革命党はアメリカ致公党の協力をとりつけ、アメリカ華僑から革命への支持を取り付けた。このようにして、馮自由は孫文を助けて華僑との橋渡しとなり、革命軍費を集める上で、大いに成果をあげた。

1914年に東京で中華革命党に入ると、また孫文のためにアメリカの同志と連絡を取りにおもむき、党の仕事と軍費集めを行った。そして同時に国民党アメリカ支部長となり、サンフランシスコで党の機関紙『民国雑誌』を出版して、反袁世凱の宣伝を行った。

中華民国臨時政府が南京で成立すると、馮自由は総統府の機密を預かる秘書に就任した。袁世凱が臨時大総統となったのち、彼は一時的に勲功検査局へ移り、国内外の革命党員のさまざまな実績を調査した。そして審議した上で政府に褒賞や補償を申請し、「徳を称えて苦労に報いる仕事」を徹底した。この時の経験がのちに革命史を著わす上で役立つことになった。袁世凱は彼を工商総長として招いたが、彼は「勲功検査の方が重要で、入閣などできない」と断った。1913年7月に「第二革命」が勃発すると、彼は逮捕され、釈放後に香港へ向かった。そして1917年、孫文が起こした護法運動に加わったが、それが失敗してからは香港で暮した。

革命の元勲から革命史家へ

1924年1月、孫文は国民党の改組に取りかかり、国共合作を進めた。馮自由は「護党救国」運動を起こして、国共合作に強く反対した。このため1925年に孫文が世を去ると、馮自由は党籍を剥奪された。彼はその後十年間は商売と著述に専念し、1935年に孫文の息子・孫科の提案で、蔣介石はようやく彼の党籍回復に同意し、彼は国民政府の権限のない職に就いた。1951年に台湾へ渡り、1953年に「国策顧問」となって、1958年に亡くなった。

政治で失ったものを、彼は「革命史家」として取り戻したのだ。1920年代以降、馮自由は主に辛亥革命の歴史を書く仕事に従事した。1928年から1930年にかけて、『中華民国開国前革命史』の第一巻と第二巻を出版し、1943年には第三巻を出した。これは国民党初期の革命活動における重要な著作で、国内外の革命党員が蜂起して国を建てた経緯を描いている。1936年、馮自由は国民が辛亥革命のことを「ほとんど忘れ去り、先達を顧みない」現状に不満を抱き、『革命逸史』の執筆を始めた。そして1948年にようやく全てを完成させた。『革命逸史』は個人の伝記や、あまり知られていない出来事を中心に、それまでの歴史書の不足を補い、細かいところを掘り起こした。そして辛亥革命の歴史研究に多くの鮮明な知識と、信用できる直接の資料を提供する、正確で貴重な情報集となり、中国民主革命を理解する上で大きな歴史的価値がある。[注11]

著名な歴史学者の顧頡剛《こけつごう》氏は、馮自由の辛亥革命史をとても高く評価し、「国民党の歴史書としては、鄒《すう》魯《ろ》氏と馮自由氏の貢献が最も大きい」[注12]と称えている。馮自由はこの他『華僑開国革命史』『中国革命運動二十六年組織史』などの歴史書も著している。

注1　宋春、朱建華、梁徳主編：『中国政党要人伝』吉林文史出版社1990年版、第98―100頁。
注2　馮自由：『馮自由回顧録：革命逸史』東方出版社2011年版、第69頁。
注3　『〝馮自由先生百年誕辰〟口述歴史座談会鄭彦棻的発言』『近代中国』（台湾）第27期、1982年2月。
注4　張良群：『華僑中的国民革命元勲馮自由』『鐘山風雨』2001年第5期、第26頁。
注5　馮自由：『馮自由回顧録：革命逸史』東方出版社2011年版、第67頁。
注6　張良群：『華僑中的国民革命元勲馮自由』、『鐘山風雨』2001年第5期、第27頁。
注7　馮自由：『馮自由回顧録：革命逸史』東方出版社2011年版、第68頁。
注8　趙映林：『馮自由和他的「革命逸史」』『文史雑誌』2011年第5期、第13頁。
注9　馮自由：『馮自由回顧録：革命逸史』東方出版社2011年版、第124頁。
注10　夏春平主編：『世界華文傳媒年鑑・2003年』世界華文傳媒年鑑社2003年版、第505頁。
注11　趙映林：『馮自由和他的「革命逸史」』『文史雑誌』2011年第5期、第14頁。
注12　張継才：『〝革命通〟馮自由其人其書』『北京日報』2011年8月29日。

弔章太炎先生

馮自由

余識太炎先生在於己亥夏間。其時繫任公函托橫濱大同學校選擇優級生至東京小石川區繫宅講授中國文史學。余及馮斯欒曾廣勷鄭宗潢四人與焉。先生蒞東京亦下榻繫宅。是爲余二人訂交之始。先是先生于丁酉戊戌間曾爲上海時務報撰文。會戊戌八月政變。凡前與時務報有連者咸在通緝之列。先生因是避地台灣。依日友山根虎雄以居。間在台北新報爲文勸告康梁辨別種族勿再效忠虜主自貽伊戚。任公方主辦清議報于橫濱。與孫中山過從頗密。漸心醉民族真理。將先生書乃函約赴日。謂將介見孫某同計議國事。先生聞之甚喜。因有扶桑之行。先生與中山訂交卽在此時。余與先生同居繫宅十日。晨夕聆教。獲益良多。惜余當日猶未諳國語。恆假筆談達意。猶憶先生于筆談末附語曰。「足下聰穎如此。宗公之衣鉢有傳矣」云云。及今思之。莫止啞然失笑耶。壬寅春。先生以廁名上海張園國會案爲蘇撫恩壽指名捕拿。再東渡受任廣智書局修潤。與余同校居東京牛込區某旅舍。先生宿患羊癇疾。有一次自外返寓。甫入門即仆厥于地。余爲之延醫診治。一日而愈。時余代廣智書局翻譯日本帝國大學教授德國那特硜博士著「政治學」。全文四十萬言。先生爲余潤詞潤飾。時譯學初興。新學界對于日文名詞。甚費斟酌。如社會一字。數數道譯作羣。余則譯作人羣或羣體。經濟一字。有人譯作生計或財政。余則勉從東譯。先生於此不發一辭。然社會經濟二語。今已成爲吾國通用名詞矣。是年三月。先生約余及秦力山馮君武朱菱溪等發起支那亡國二百四十二年紀念會。是爲吾國留東學界組織愛國團體之嚆矢。以清使館假外力制止。不克開會。然大義所被。深入人心。先生感化學子之功。豈在禹下。癸卯蘇報案起。先生以序革命軍及駁康有爲政見書被判監禁三載。及丙午獄滿東渡。則余已至香港主中國日報

『吊章太炎先生』

14 ニュースレポートの開拓者 黄遠生

黄遠生《こうえんせい》（１８８５―１９１５）は、科挙に合格して、すぐに河南の県知事となったが、辞職して日本へ留学し、中央大学で法律を専攻した。１９１１年に記者としての活動を始め、『申報』で「北京通信」というコラムを書いたことで、国内外に名を馳せた。彼は中国の歴史で最も早い取材専門の記者となり、中国の新聞が政治論議の時代からニュースの時代に変わっていく中での開拓者となった。彼は並外れた努力によって、中国近代のジャーナリズムに抜きん出た貢献をし、特にニュースレポートの文体を作り出した先駆者と言える。彼の記事は政治闘争の実録と称され、しかも文体が多様で、表現形式も豊富だった。記事は真実を客観的に伝えねばならないと彼は主張し、考える力、行動力、相手の話をよく聞く力、それに文章が上手という四つの能力が記者には必要だと提唱した。

ニュースレポートの開拓者

黄遠生は民国初期の著名な記者で、元の名は為基、字は遠庸という。遠生というのは筆名で、1885年1月15日広西徳化（九江）で生まれ、1915年12月25日にアメリカのサンフランシスコで死去した。[注1]黄遠生は読書人の家系の出身で、中国と西洋両方の教育方針のもとで育てられた。1903年に科挙に合格し、広西で第七位の挙人となった。1904年、次の試験のために上京し、また進士に合格して、難関を連続して突破したため、「連勝進士」と呼ばれた。清朝の慣例で、進士に合格すると、誰もが官職を与えられることになっており、黄遠生はすぐに河南で県知事となった。しかし彼は功成り名を遂げるという先祖代々の期待に背き、日本の中央大学に留学して、法律を専攻した。1909年に卒業して帰国すると、生計を立てるため、清朝の郵伝部、参議庁、編訳局などで文官となった。1911年に新聞記者の仕事を始めたが、わずか五年後に暗殺された。彼は中国の歴史で最も早く専業の新聞記者となり、非凡な努力によって、中国近代の新聞事業に抜きん出た貢献をした。特に記事の文体を確立した開拓者で、彼の記事は政治闘争の実録と称され、しかもレポートの形式が多様で、表現の手段も豊富だった。彼はニュースが客観的な真実でなくてはならないと主張し、記者には考える力、行動力、相手の話をよく聞く力、それに、文章が上手という四つの能力が必要だと提唱した。

記者としての先駆け

武昌蜂起の銃声が鳴り響き、封建王朝の滅亡が伝えられると、黄遠生は異常な興奮を覚えた。彼と同郷の李盛鐸《りせいたく》は国外へ政治視察に派遣された五大臣の一人で、帰国後、黄遠生にこう話した。「君は文学に打ち込んでいるが、国のために志を持ってはどうか」「西洋の文物に通じているのだから、ジャーナリストになってみてはいかがか」。[注2] これに啓発された黄遠生はきっぱりと官職を辞し、新聞記者に転職した。

中華民国初期には新聞事業が盛んになり、雨後のたけのこのように新聞が創刊され、黄遠生が大いに腕を振るう舞台を提供した。多くの新聞はそれぞれ紙面の評論を大幅に減らし、時局の変化を反映した情報と事件レポートを増やそうと努力していた。地方の新聞も社会で活動する能力や文才のある人材を大金で招き、北京駐在の記者として、特ダネをすばやく報道させることで、新聞の販路を切り開いた。

黄遠生は政治論議を主体とする中国の近代の新聞のやり方からニュース中心のものへと実践的に改めていった。それ以前は、資産階級の改良派である王韜《おうとう》、梁啓超、厳復ら政治活動家にとって、新聞とは主に政治的見解を発表する場だった。そのため、彼らが創刊した新聞は政治論議が主体で、ニュースは少なく、自ら取材した記事はもっと少なかった。黄遠生は役人だった時期には、「余った力で記者を兼ねていた」が、記者に専念してからは、上海の『東方日報』『時報』『申報』の北京駐在特派員として大いに活動した。そして週刊『少年中国』の編集長となり、月刊『庸言』を編集した。また、『東方雑誌』『論衡』などの雑誌や、『国民公報』などの新聞で記事を書いている。彼は持てる精力をニュース通信の文章に注ぎ、『東方日報』『時報』『申報』に「北京通信」を寄稿して、世間の耳目を集めた。彼は新聞界に名を馳せて、人々は彼の記事を争って読み、そのスタイルをまねする記事も多く登場した。当時、北京や上海のその他の新聞も彼の通信を転載している。彼の記事を収録した『遠生遺著』四巻のなかでは、ニュースレポートが全体の四分の三を占めている。それ以前にも中国の新聞には「レポート」欄が存在したが、それは他都市から郵送されて伝わったニュースを指し、通常は「某地のニュース」と表示して、その他の電信記事と区別していた。その点彼のレポート記事は叙述と描写を主体として、迅速で具体的で、生き生きとしたイメージで、正確に人物や事件像を浮かび上がらせており、当時としては極めて珍しかったと言える。中国の新聞におけるニュースレポートは、まさに黄遠生が始めたのだ。[注3]

政治闘争の実録

黄遠生のニュースレポートは政治闘争の実録とも称される。彼はあらゆる手段で記事に使える材料を探し出した。「記事の材料の一つ一つは、ほとんどが直接取材先から得た情報で、それらを積み上げることでようやく評論が可能になったのだ。言い換えれば、取材先の本人に会ってはっきり聞き出すことで、信ぴょう性の高い情報が得られるのであって、そうしてこそ事件に正しい論評が加えられるということだ。もし耳にした話が間違っていれば、デマに惑わされず直接確認して、正しい情報の裏を取ってから、それに従って前の話を訂正すべきだ」[注4]彼は事件について自分の頭で考え、いつどこへでも取材に出かけた。

黄遠生の報道内容はあらゆる方面におよんだが、多くは当時の重要事件だった。彼の記事には民国初期の代表的な人物や、実際の党派間の政争があり、また交通、教育、司法、財政、外交など様々な方面の状況を記録している。例えば、宋教仁の暗殺、袁世凱内閣の二度の崩壊、屈辱の二十一箇条要求、唐紹儀が迫られた下野、陸征祥の政治引退などの重要事件で、彼は全国各階層の読者の心をつかみ、その真相を天下に示した。彼の文章は当時の人に「民国初期の政治闘争の実録」と称され、「彼のレポートを読まなければ、政治動向を語る資格がない」「将来、民国成立当初の政治や、その内部の歴史を研究する者は、これより優れた資料をおそらく見い出せない」とまで言われた。[注5] それは職務に忠実な新聞記者にとって、最高の褒め言葉だろう。

黄遠生のレポートは、物事の核心をつかむことに長けていた。一度で報じることもあれば、重要事件を連続して特集に組むこともよくあった。彼は様々な方面から情報を集めるのが得意で、総合的な分析をした上で、要点をつかみ、「調べて詳しく書き」、古今東西の関係資料を用いて核心を突いた。南北和議の期間、黄遠生は『記者が見る孫文』という記事を連続で其一、其二、其三、其四と次々に出してゆき、孫文と袁世凱の話し合いの経過や、それぞれの態度を論述した。袁世凱は国の領土主権を抵当にして、各国の銀行に巨額の借款を求めていた。黄遠生は借款交渉の初めから、その過程を系統的に報じ、18篇のレポートを発表した。彼の愛国心と正義感による報道によって、反袁世凱の世論が燃え上がったのだ。

多様なニュース形式

黄遠生の登場以前は、たまに新聞に時事レポートが載っても、ほとんどは事実を述べるだけで、型通りの文章だった。それを黄遠生は、多様な形式を創造的に使いこなし、形にこだわらず、柔軟に表現した。記述体のほかにも、雑談体、書簡体、日記体などをよく使っている。『新年閑話』『囲炉雑話』『歳暮余聞』『談屑』などは雑談形式で書かれた。その筆力は際立っており、雑然とした議論や談話を、世間話のように書きつつも、深く鋭く、わかりやすく表現した。また書簡形式で、まるで友達に宛てた手紙のようになめらかに書き、優しく自然に、ありのままを感じさせた。最も面白いのが日記形式のレポートで、自由自在に入り組んだ複雑な政局を、たびたび記事にしたためた。他にも、本文の前に解説を載せ、最後にまた説明を加えて、読者を引き込み、啓発した。彼の解説は面白い上、蛇足を感じさせることはなく、まさに画竜点睛の効果があった。

黄遠生はマスコミ界に飛び込んでから、「新文学に取り組み」、「身近でありふれた文芸」を提唱した。彼は文学に造詣が深く、細部を捉えるのがうまかった。リアルで、言葉にユーモアや知性が含まれ、時には活発な議論や気迫を見せ、時には筆に任せて楽しげに書いた。「記述は勇壮で、評議は山をも崩す」[注6]といわれたほどだ。彼は自分の記事の中で、叙述、描写、議論、抒情などを実践し、様々な表現形式をレポートに取り入れた。それは当時と、その後の新聞記者に重要な影響を与えた。彼の文は洒脱で、こだわりがないように見せながら、じつは整然と秩序立っていた。彼はいつも人物と情景、それに心と一体にして表現し、時には醜いものでも面白おかしく書き、時には楽しい議論にまとめあげた。彼は若くして官界に関わり、その暗部や腐敗を熟知していたことから、一度記事に取り上げれば、いつも絶妙な筆遣いを見せた。

黄遠生には元より新聞記者としての才能が備わっていたのだ。彼のレポートは、当時かなり通俗的と見なされた文語と口語が混じり合った文体で、なめらかに、自由自在に書かれている。彼のレポートを手にして、その表題を見れば、元気、新鮮さ、面白さ、独特の風格を感じさせた。例えば『姿を変えた内閣』『竜頭蛇尾の国税庁』『不可解な政局』『裏切りの弾劾案』『揺れ落ちるか否か』『政談盗聴録』『楊士琦：映画のなかの交通総長』などがある。彼は難しい言葉は使わず、西洋風に文を引き伸ばすこともしなかった。わかりやすくて、短く、整然として、軽やかに読め、テンポがよかった。

このように黄遠生のレポートは豊富で多彩な表現形式を使って、叙述、描写、議論、抒情などの表現を成熟させた。そして、レポートの文体を読者が好む形に整えたのだ。

記者の四つの能力

黄遠生の記事にのあり方に対する主張をまとめると、真実であること、客観的であること、権力者に厳しいこと、それに民衆の声を届けることだった。そして、記者にはそれらを可能にする「四つの能力」が必要だとした。

中でも真実は新聞の命であり、記事の中では「憶測でものを言うこと」[注7]は決して許されない。それは人を傷つけ、国を損なうことになるからだ。彼は『懺悔録』のなかでそう厳しく戒めている。「この時代では、記事によって罪のない善人を陥れ、その人を国家の敵に仕立てることも可能なのだ。一人がでっち上げるると、多くの新聞が後追いして、社会の意識を弱め、簡単にだませてしまう。憶測によって捏造すれば、みんなが安易に信じて、国に損害をもたらす」[注8]「新聞は、事実の報道こそが大切だ」と彼は強調し、「正確で系統立っていることが求められる」[注9]と述べた。彼のレポートはそういう点でも実践的だった。

黄遠生は、新聞報道には客観性と公正さが必要だと主張し、「理想を盾にとって空論を展開すること」

に反対した。情報が足りないまま判断する時は、ただ社会の参考として事実だけを提示すべきであり、むやみに答えを急ぐべきではない。「演繹的な理論は帰納的な事実におよばず」、「理論の根拠は事実に置き」、「勝手な憶測で話を作ってはいけない」と説いた。そして「ものごとを深く観察し、利益と弊害を知っておくべきだ」[注10]と訴えた。それと共に、彼は新聞が「公共の議論の場」だとも考えた。

黄遠生は新聞を通して権力者を監視し、民衆の声を届けようとした。「道理を堂々と述べることで、腐敗を掃き清め、国家の元気を養うのだ」[注11]と強調している。新聞は「権力の頂点に立つ者を正しく見張る」べきで、「民衆や社会の助けになること」こそ使命だとした。[注12]

記者の仕事は重要で、記者はふさわしい資格と才能を備えるべきだと黄遠生は認識していた。彼はこう記している。「新聞記者には、(一) 考える力、(二) 行動力、(三) 相手の話をよく聞く力、(四) 文章が上手という四つの能力が必要だ。考える力とは調査と研究ができて、様々な素養を持っていることを示す。また行動力とは交友関係が広く、知りたいことがあればすぐ訪ねていけるフットワークの良さだ。また相手の話をよく聞く力とは一を聞いて十を知り、相手を理解し、深く突っ込めるように、話をよく聞くことができることだ。さらに文章がうまいとはしっかりとした描写で、筆づかいの強弱の加減がわかり、人を尊重して、紳士的な品位を保つことだ」[注13]。これらの「四つの能力」は単に仕事の上で必要なだけではなく、本来記者が持つべき素養なのだ。その職業自体に独特の行動様式が必要で、職業上の資質が求められると彼は考えていた。

注1　黄遠生の誕生日と命日に関しては、数種類の資料があり、多くの説があるが、ここでは西北師範学院の黄席郡教授

による考証を採用した。黄席群：『关于先父黄遠生―在黄遠生学術討論会上発言』『社会科学情報与資料』１９８６年第６期。

注２　李盛鐸：『九江黄君墓誌銘』『社会科学情報与資料』１９８６年第６期。
注３　黄流沙：『従進士到記者的黄遠生』『新聞業務』１９６２年第８期。
注４　『遠生遺著・序』巻一、商務印書館１９８４年版第２頁。
注５　『遠生遺著・序』巻一、商務印書館１９８４年版第６頁。
注６　王徳亮：『値得仰之近代報人』『報展紀念刊』１９３６年、第１４２頁。
注７　『遠生遺著』巻一、商務印書館１９８４年版第１０４頁。
注８　『遠生遺著』巻一、商務印書館１９８４年版第１３３頁。
注９　『遠生遺著』巻一、商務印書館１９８４年版第１０４頁。
注10　『遠生遺著』巻一、商務印書館１９８４年版第１０４頁。
注11　『遠生遺著』巻一、商務印書館１９８４年版第11頁。
注12　『遠生遺著』巻一、商務印書館１９８４年版第15頁。
注13　『遠生遺著』巻一、商務印書館１９８４年版第１３２、１３３頁。

『外交部之厨子』

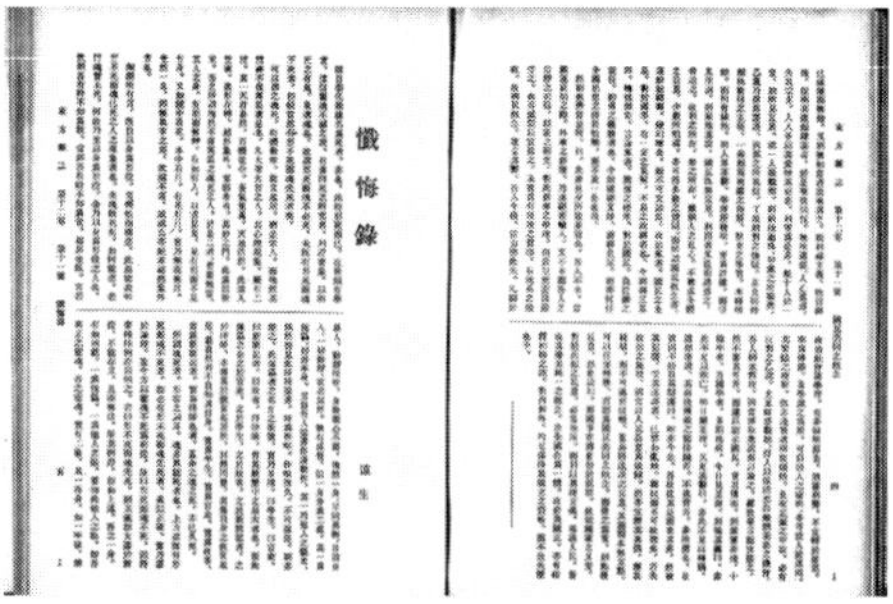

『懺悔録』

15　新文化運動の大衆指導者　高一涵

高一涵《こういちかん》（１８８５―１９６８）は中国近代の著名な政治学者、啓蒙思想家、政論記者で、五四運動の時期に自由主義を唱えた代表的知識人の一人だ。若い頃日本に留学し、近代西洋の政治経済学を系統的に学んだ。五四新文化運動の前後で、李大釗、陳独秀、胡適らと深く関わり、多くの進歩的な新聞の創刊編集に参加した。大量の政治評論を発表して、自由と民主主義の理念を宣伝した。１９４９年の新中国成立前には、長く国民政府の監察部門で働いた。政治学などの分野にも造詣が深く、『政治学史』『欧州政治思想史』『中国内閣制度の沿革』などの著作がある。

新文化運動の大衆指導者

高一涵は、五四新文化運動の時期に思想文化界の先頭に立っていた。初期には1914年から1916年にかけて、雑誌の月刊『甲寅』や『民彝《みんい》』に文章を発表し、民主政治の理念を詳しく述べている。新文化運動が起きた後は、陳独秀が創刊した『青年雑誌』（のちに『新青年』と改名）の助手と主要記者を兼ね、『新青年』『毎週評論』『努力週報』『現代評論』などの雑誌で、多くの文章を次々と発表し、自由と民主主義の理念を宣伝した。彼は五四運動の間に「大衆指導者」と呼ばれ、著名な政治評論記者として名を馳せ、法学や政治学などの分野にも造詣が深かった。

政治と法律を日本で学ぶ

高一涵（1885―1968）は、原名が永灝《えいこう》、別名を涵廬《かんろ》、夢弼《むひつ》などと称し、安徽省六安の人。読書人の家庭に生まれ、幼い頃から兄と共に私塾で学び、十三歳で優れた詩と文が書けた。1906年、高一涵は故郷を離れ、六安州の学校に入った。彼はそこで梁啓超が主宰する『新民叢報』などの新しい刊行物に触れて、思想も変化し、清朝の暴虐と無能を深く憎むようになった。その二年後には県の選抜を受けて、省都安慶の安徽高等学校に入学し、苦労して英語を学んだ。そして近代西洋の啓蒙思想家による著作を多く読み、「西洋の民主政治制度は、わが国の封建政治制度と入れ替えるのに一番ふさわしい」と感じた。[注1]

１９１１年、彼は高等学堂予科を卒業すると、安徽民政局の教育部門でしばらく働いたが、翌年には自費で日本へ留学し、東京の明治大学政治経済科で、政治経済学を系統的に学んだ。日本滞在の間、一度は資金が底を突き、毎日部屋に閉じこもって勉強することもあった。どうしても日本で学びたかった高一涵は、記事を書いてなんとか急場をしのいだ。彼は明治大学で、政治学研究における基礎を築いた。勉強や執筆の他、留学生によるさまざまな愛国運動も積極的に展開し、「二十一箇条要求」に反対して、護国軍のために軍費を集め、１９１６年２月に留学生総会の文事委員会委員長、総会評議員、経費委員に推薦された。

留学の間、高一涵は意欲的に雑誌へ投稿し、多くの評論を発表した。１９１４年５月、章士釗が東京で創刊した雑誌『甲寅』で、当時の中国の進歩的知識人を集め、袁世凱の専制に反対し、立憲政治や共和制の理念を広めた。彼は『甲寅』に、『民国の章太炎』『民福』『宗教問題』『章太炎とその学問の関係』などの時事評論を次々に発表し、袁世凱の言論弾圧を非難して、現代国家の理念を提唱した。彼はそれによって章士釗に認められ、李大釗や陳独秀と友好を深めた。１９１６年、高一涵は李大釗と共に留学生総会の機関紙『民彝』を刊行し、その創刊号で『国本』『共和』『程度と民政』という三編の文章を発表して、共和体制を大いに宣伝した。注2

１９１６年７月に高一涵は明治大学政治経済科を卒業し、学位を取得して帰国した。

啓蒙新聞の勇士

帰国後すぐ、高一涵は新文化運動へ積極的に身を投じ、多くの進歩的な雑誌を創刊編集して、大量の政治評論を書いた。五四運動の前後は、高一涵の生涯において、評論活動のピークとなり、中国の報道史に確固たる地位を築いた。1917年1月末、章士釗が北京で『甲寅』を復刊させた。雑誌から日刊発行の新聞に改め、高一涵と李大釗が社説と時事評論の執筆・編集を担当した。そして中国の政治制度について、一連の重要な見解を示したのだ。1917年初め、陳独秀が北京大学文科学長として招かれ、彼が創刊した『新青年』も北京に移った。そして個人の刊行物だった『新青年』を進歩的な学者たちの共同編集に転換し、新文化運動の主戦場とした。高一涵は『新青年』の主要な執筆者の一人だった。1918年12月、高一涵は更に、李大釗や陳独秀らと共同で、「公理を主張し、強権に反対する」ことをテーマにした『毎週評論』を創刊し、パリ講和会議が中国にもたらす政治的影響を注視する文章を掲げ、北京の言論界から大きな反響があった。

『新青年』では、陳独秀の最も重要な助手となり、掲載した文章の数の多さは、当時の学会から注目された。新文化運動の中心人物の一人として、高一涵は国学の深い素養と政治学の基礎を土台に、西洋のより進歩的な民主政治の理論も参照して、中国の若者に対して民主的な啓蒙教育を行った。その文章は西洋の民主政治制度や、民主と自由の関係、そして人生の価値など多方面におよんだ。[注3]『新青年』を発行していた時期、高一涵はきわめて影響力の強い政治学者・政治評論家になっており、「西洋の政治理念の核心をあまねく理解していたため、同じように西洋の政治理念と思想に通じていた厳復と、並べて論じられる数少ない中国人の一人だった」[注4]

高一涵は『毎週評論』の創刊者の一人で、この雑誌の出版のため、準備と編集を大量にこなし、主要な執筆者となった。『毎週評論』によって、パリ講和会議で山東省における日本の権益が中国側に返還されなかったことにに抗議し、日本帝国主義の侵略に反対するという反帝反封建の基本的立場から国民を啓蒙した。高一涵は『毎週評論』に『青島交渉の失敗の経緯』『青島問題がヨーロッパの会議を経た事情』『膠州《こうしゅう》条約の修正に関する意見』『和平会議と仲裁機関』『国民大会』『わかりにくい「国民大会」』などの一連の文章を発表し、不当なパリ講和会議の本質を明るみに出した。帝国主義の中国への侵略に反対するとともに、国内の軍閥政治を非難し、同時に世界情勢に注意を向け、民主政治を広めようとした。このほか、彼は自ら『北京市民宣言』の印刷と配布に加わり、実際の行動によって五四運動の熱狂のなかに身を投じた。

その後『新青年』は分裂し、胡適を中心とする海外留学からの帰国学者たちは、1922年5月に『努力週報』を創刊した。高一涵は『努力週報』の主要執筆者となったのみならず、1922年末から1923年初めまで、胡適が病に倒れた時期には編集長代理も務めた。彼は『努力週報』に発表した文章の中で、集権体制と軍閥統治を批判し、政治を変えることによって中国社会を改造しようと主張して、当時の知識階級の民主化意識を高めた。そして国民に現実的な政治改革に加わるよう促し、自由主義の知識人が中国政治を現代化するために何ができるかを示した。高一涵の主導のもと、『努力週報』は1923年、「科学と形而上学」、そして「科学と人生観」といったテーマの重大な論争を繰り広げ、社会の各界からかなり大きな反響があった。資金不足に悩んだ『努力週報』は、高一涵のがんばりでなんとか出版を続けたものの、曹錕《そうこん》が政権を取ると、メディアの政治議論を大きく制限し、1923年10月に停刊を余儀なくされた。

1924年12月、王世傑《おうせけつ》を中心とする自由主義の知識人が、北京で総合同人週刊雑誌『現代評論』を発行した。これは政治評論が主体で、同時に文学作品や文芸評論も載せた。この雑誌では独立の精神と研究的な態度を明言し、実際の問題を論じることを重視し、人の失敗を責めることや空論に反対した。高一涵は北京大学教授となり、『現代評論』の主要な執筆者ともなって、二年余りの間にこの雑誌に四十篇近くの政論を発表している。彼にとって学問と現実は密接につながっているものだった。彼は急進的な民主主義の立場を守って、民主と自由の理念を唱え、北洋軍閥が人民を愚弄する悪質さを激しく非難した。また、それと同時に南で展開する「打倒軍閥」の国民革命を応援して、民衆の民主主義と自由を求める闘争を支持した。高一涵が『現代評論』で表明した政治理念は、中国現代政治思想史で重要な地位を占めた。[注5]

これまでに述べた刊行物の他にも、高一涵は五四運動の前後に、上海の『民国日報』の特集欄『覚悟』や、『星期日』『新生活』『晨報』の特集欄、『民鐸』『太平洋』『法政学報』『新中国』『評論之評論』『戊午週報』、そして北京大学の『社会科学季刊』などの新聞雑誌に多くの文章を発表した。

学問と政治のはざまで

第一次国共合作の時期、高一涵は1925年に中国国民党に加入し、翌1926年、武昌へ行く途中の上海で中国共産党に加わった。それから相次いで武昌中山大学教授と政治部主任、法科委員会主任兼国民革命軍総政治部編訳委員会主任、国民党安徽省党部執行委員兼宣伝部長などの職に就いた。1927年の「四一二」反革命政変ののち、高一涵は共産党を離脱して、上海へ逃げ、上海法政大学教授と政治部主任、呉淞中国公学大学部社会科学院院長を務めた。1932年9月、高一涵は杭立武《こうりつぶ》ら45

人の政治学者と共に中国政治学会を設立した。

１９３０年代から、高一涵は長期に渡って国民政府で働いている。１９３１年から１９４９年まで、南京国民政府監察院監察委員、両湖監察使、甘粛寧夏青海監察区監察使、国立敦煌芸術研究所準備委員会主任などの職を歴任した。１９４９年、国民党上層部は台湾へ逃亡する際、彼を国民政府考試院委員に任命したが、彼は固辞した。

新中国成立後、高一涵は南京大学教授と政治部主任、法学院院長、南京市監察委員、江蘇省司法庁長官、江蘇省政協副主席などを歴任した。１９５０年、周新民や陳敏の紹介で、中国民主同盟に加入し、民主同盟江蘇省副主任、民主同盟中央委員、全国政協委員などの職に就いた。１９６８年に南京で病没し、雨花台の共同墓地に葬られた。

注１　高大同編著：『高一涵先生年譜』上海文化出版社２０１１年版、第８頁。
注２　高大同編著：『高一涵先生年譜』上海文化出版社２０１１年版、第19頁。
注３　張春麗：『〝五四〟新文化運動中高一涵啓蒙思想初探』『中共党史研究』１９９９年第３期。
注４　王中江、範淑娅：『永不塵封的〈新青年〉』中州古籍出版社１９９９年版、第13—14頁。
注５　呉漢全：『高一涵五四時期的政治思想研究』吉林人民出版社２０１２年版、第１４３頁。

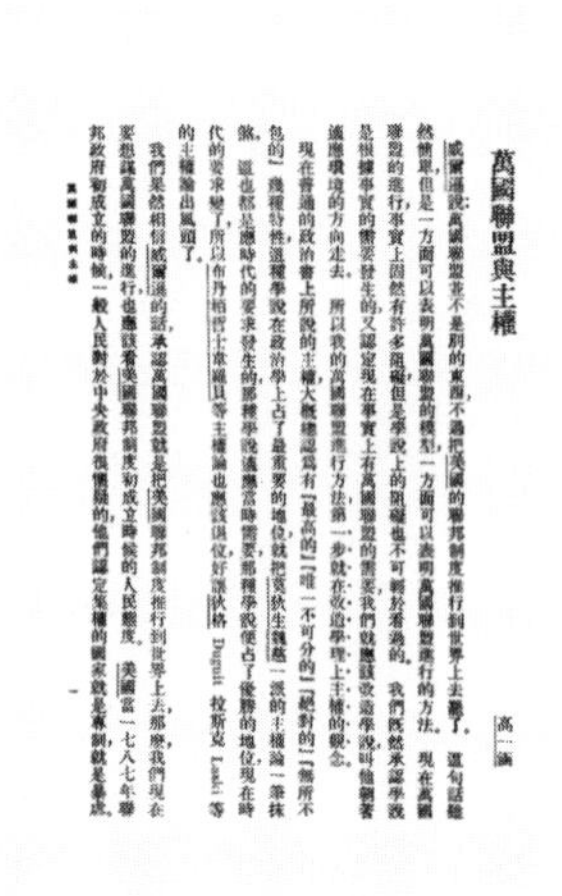

萬國聯盟與主權

高一涵

威爾遜說：萬國聯盟並不是别的東西，不過把美國的聯邦制度推行到世界上去罷了。這句話雖然簡單，但是一方面可以表明萬國聯盟的模型，一方面可以表明萬國聯盟進行的方法。現在萬國聯盟的進行，事實上固然有許多阻礙，但是學說上的阻礙也不可輕於看過的。我們既然承認學說是根據事實的需要發生的，又認定現在事實上有萬國聯盟的需要，我們就應該改造學說，叫他朝着適應環境的方向走去。所以我的萬國聯盟進行方法，第一步就在改造學理上主權的觀念。

現在普通的政治書上所說的主權，大概總認爲有『最高的』『唯一不可分的』『絕對的』『無所不包的』幾種特性。這種學說在政治學上占了最重要的地位，就把[illegible]一派的主權論一筆抹煞。這也都是應時代的要求發生的，那種學說適應當時需要，那種學說便占了優勝的地位。現在時代的要求變了，所以[illegible]等主權論也應該讓位，好讓狄格 Duguit 拉斯克 Laski 等的主權論出風頭了。

我們果然相信威爾遜的話，承認萬國聯盟就是把美國聯邦制度推行到世界上去，那麼我們現在要想談萬國聯盟的進行，也應該看美國聯邦制度初成立時候的人民態度。美國當一七八七年聯邦政府初成立的時候，一般人民對於中央政府很懷疑的，他們認定集權的國家就是專制，就是暴虐，

萬國聯盟與主權　一

『万国聯盟与主權』

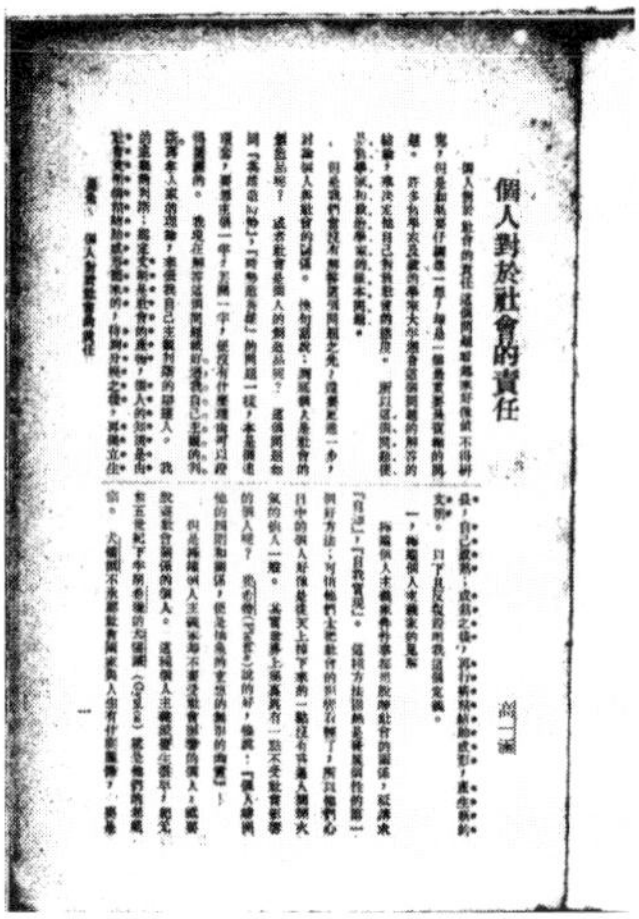

個人對於社會的責任

高一涵

『個人對於社会的責任』

16 比類なき逸材　朱執信

朱執信《しゅしっしん》（１８８５―１９２０）は中国同盟会の最も初期のメンバーの一人で、近代中国における新聞界の勇士だ。同盟会の機関誌『民報』の主要な記者として、孫文の三民主義の理念を積極的に解説し、また、早い時期からマルクスとエンゲルスの生涯や学説を、全面的に紹介した。朱執信は卓越した民主主義の理論家で、封建専制統治を覆すため、果敢に戦った英雄でもあり、何度も軍事行動を指揮して作戦を立てた。彼の体には思想家の深遠さと革命家の勇猛さが結び合わさってお り、「文武を兼ね備えた革命の実践家」「比類なき逸材」と孫文に絶賛された。

比類なき逸材

朱執信は辛亥革命の前後の、卓越した民主主義の理論家で、封建専制制度に反対した英雄、新聞界の勇士でもあった。若い頃日本に留学し、中国同盟会の最も初期のメンバーの一人として、廖仲愷《りょうちゅうがい》と共に孫文の片腕として活躍した。彼は積極的に孫文の三民主義を世に広め、清王朝を倒し、共和政権を守るために死力を尽くした。辛亥革命の前に広東で相次いだ蜂起では、朱執信は全てに関わり、作戦を立てて勇ましく戦った。そして己の身を危険にさらし、国に殉じて民に報いることを務めとした。袁世凱と北洋軍閥が辛亥革命の果実を盗み取った後、朱執信は孫文に従って「第二革命」、護国運動、護法運動に加わり壮絶な戦いを繰り広げた。ロシアが十月革命に勝利すると、朱執信は社会主義革命とソビエト連邦の国内問題をかなり熱心に研究し、「ボルシェビキの精神は、社会のために自身を犠牲にすることだ」と称えた。五四運動が勃発すると、彼はこれを高く評価して、新文化運動が唱える民主主義と科学に賛同し、白話文運動を支持した。朱執信は多くの新聞にかかわり、その新聞を通じた宣伝活動は、その生涯の中で重要な意味を持った。彼は中国同盟会の機関紙『民報』で、『ドイツ革命家列伝』を発表し、系統的にマルクスの生涯と理論を紹介して、中国で初めてマルクス主義に触れた思想家の一人となった。また彼は『民報』『中国日報』『可報』『民国日報』『上海晨報』などの国内外の新聞雑誌で、革命に関する文章を次々と執筆した。上海で創刊した雑誌『建設』や、『民国日報』の特集欄『星期評論』でも革命党員の思想を記事にしている。朱執信は生涯においてよく働きよく学び、誰よりも賢く、伝統的な知識人と革命家という二つの立場を完璧に結び付けた。彼は思想家の深遠さと革命家の勇猛さを兼ね備え、知恵者であり勇敢な闘士でもあり、孫文は「文武両道の革命実践者」「比類なき逸材」「中国有数の人材」だと激賞している。

革命の猛将

朱執信（1885―1920）は、元の名を大符、字を執信といい、筆名は蟹伸《かいしん》、懸解、去非、前進、民意、琴生などと称した。本籍は浙江蕭山で、1885年10月12日に杭州の知識人の家に生まれた。曾祖父は広東の役人で、祖父は長く広州の役所で学問を教えた。父の朱啓連も有名な知識人で、琴の演奏や書に巧みで、古代の文字に詳しく、張之洞の幕僚だった。

少年時代の朱執信は、父や塾の師匠の指導のもと、熱心に国学を勉強し、すぐに猛烈な愛国者となった。八カ国連合軍が中国を侵略し、帝国主義に迫られて清政府が屈辱的な『北京議定書』を締結してから、朱執信は憤然と『辛棄疾《しんきしつ》の南渡録を読んで感嘆する』という文を書き、辛棄疾の愛国思想を賞賛して、人々に南宋が滅びた教訓を思い出させようとした。1902年、朱執信は維新派が開いた新しい学校、広州「教忠学堂」に入学し、新しい学問や情報に広く触れた。様々な政治団体が海外で創刊した『新民叢報』『浙江潮』などの刊行物の他、ハクスリーの『進化と倫理』、アダム・スミスの『国富論』、ルソーの『社会契約論』、モンテスキューの『法の精神』など西洋の名著を熟読して、西洋社会の政治学に惹かれた。そして科挙による功名の道をあきらめ、民主主義と自由によって国を救う思想へと踏み出したのだ。1904年、朱執信は官費で日本へ留学し、東京の法政大学で法律と政治を専攻した。東京で孫文や革命を志す多くの留学生と知り合い、反清救国の思いをさらに強めた。１９０５年、同盟会に加入し、評議部議員兼書記を任され、革命に身をささげようと心に決めた。

　１９０６年、日本から帰国すると、広東高等学堂、法政学堂、方言学堂などで教師となり、同時に革命を積極的に宣伝し、同志たちと連絡を取り合って、清朝と戦う秘密の作戦を立てた。１９０７年から１９１１年にかけて、朱執信は同盟会が広東で起こした武装蜂起に何度も参加した。１９１１年４月27日の黄花崗蜂起では、朱執信は統一計画部でリーダーの黄興の指揮に協力した。彼は蜂起が始まると、周りが止めるのもかまわず、長衣を脱ぎ捨てて最前線に加わり、「胸と足に傷を負い、血で服を濡らしながら」、猛然と戦った。[注1] 10月、武昌蜂起が勃発すると、朱執信は広東で省都を攻めるよう働きかけ、広東水軍の提督・李準に投降を迫り、兵を傷つけずに勝利することができた。その後、朱執信は広東軍の総参議を任され、北伐のため、軍備を整えた。南北和議が成立すると、広州陽江軍の監督と、広東会計院院長に就任した。

　１９１３年、「第二革命」が失敗に終わると、朱執信は各地を転々として、孫文の袁世凱への反撃に従い、広東軍閥の竜済光を駆逐する軍事活動を指揮した。袁世凱が死ぬと、朱執信は孫文が繰り広げた「護法運動」を全力で助けた。１９１７年７月には、大元帥府にいる孫文との軍事連絡を取り持ち、機密文書の管理を行った。１９１８年５月、孫文と共に広州から上海へ移り、福建、広東、香港などに奔走した。そして、孫文が広州桂系軍閥を駆逐するに当たって、財務と軍事の準備を担当した。１９２０年夏、孫文は桂系軍閥を倒すことで南方を統一することに決め、朱執信は危険をかえりみずに再び福建と広東へおもむき、国民党部隊や革命軍に連絡し、軍事行動を呼びかけた。９月21日、朱執信は東莞《とうかん》へ向かい、駐留軍と東莞革命軍の衝突を調停し、虎門要塞の守備隊に投降を呼びかけたが、この時不幸にも命を落とし、民主主義と共和制のために35年の短くも尊い生涯を捧げたのだった。

時代と共に進む記者

朱執信は20歳で中国同盟会に入ると、すぐさま改良派との論戦のなかで頭角を現し、同盟会の重要な理論家の一人となった。主要記者として、彼が機関紙『民報』に発表した『満州が憲法を制定できない理由』『清朝の立憲への反論』など十篇の政治評論は、あわせて十万字以上に達した。これらの文章で朱執信は、清王朝による立憲政治は無理だと断定し、満州族排除の革命こそが必須だとして、「満州人を除くことが第一目的、暴政を防ぐのが第二目的」[注2]で、金持ちや権力者に頼らず、下層社会で苦しむ大衆を重んじる革命でなくてはならないと主張した。政治革命には大衆の視点が必要で、彼の一生の革命活動は、反清蜂起や北洋軍閥との闘争に貫かれ、大衆を組織することを一番の任務とし、実際の闘争のなかに、徹底的な革命精神を帯びていた。[注3]

1911年4月末、朱執信は広州蜂起が失敗した後、香港に逃れ、5月に香港同盟会の機関誌『中国日報』を主宰するようになった。袁世凱が国をかすめ取った後、朱執信は袁を倒すための世論を作り上げた。彼は1914年、東京で雑誌『民国』を創刊し、ここに『未来の価値と前進を論ず』『内乱の犠牲なしには』『民を怒らせる政治家とは？』『生存の価値』『革命と心理』『開明と専制』などの文章を次々と発表して、軍閥政府の政策の誤りを酷評した。五四運動がわき起こると、朱執信は孫文の指示で、廖仲愷らと1919年8月に上海で雑誌『建設』を創刊し、胡漢民が総編集長になった。朱執信は名目上「印刷者」とされたが、実際は編集長だった。朱執信や彼の同僚たちの努力によって、『建設』の発行部数は最高で13000部以上に達し、革命党が経営する雑誌の新記録を作った。[注4] 朱執信自身はこの雑誌に時事評論二十編余りを載せ、十月革命後の中国の前途や命運を幅広く研究した。1919年6月、彼は上海の『民国日報』の特集欄『星期評論』の創設に加わり、自ら記事を書き、『公理は分けられない』『われわれにはどんな憲法が必要か』『男子の解放は女子の解放』など十編以上の文章を掲載している。『星期評論』は社会主義の研究と紹介を行い、特に世界と中国の労働運動の評論紹介で名を馳せた。

実は朱執信は、『民報』の記者だった頃には、すでにマルクス主義の思想に触れていた。1906年には『民報』で『ドイツ革命家列伝』を発表し、マルクスとエンゲルスの生涯と学説を初めて全面的に紹介し、『共産党宣言』と『資本論』の内容を抄訳して、マルクス主義を中国で広める上で重要な役割を果たした。毛沢東が『中国共産党第七回全国代表大会方針』で次のように述べている。「朱執信は国民党員だったから、マルクス主義を先に取り入れたのは、やはり国民党だったと言わねばならない」[注5]

後世を照らす不屈の精神

文武両道の朱執信は、言論界を駆け巡った英雄とも言える。革命の戦場で勇ましく戦い、時代の勇士となったのだ。天下を己の責任として、また自分を厳しく律し、名誉や利益に無頓着で、心が強かった。父の朱啓連は伝統的な知識人の気骨があり、張之洞のもとで働いた時、彼と諍いを起こし、辞職後は仕官の道を諦めた。朱執信はその家風を受け継ぎ、上司の胡漢民や叔父の汪兆銘を、面と向かって「官僚主義に染まっている」と批判したという。辛亥革命ののち、広東が解放され、多くの人が孫文の兄・孫眉を広東都督に推薦したが、朱執信のみが反対した。彼は孫文に手紙を書き、孫眉は商売がうまくて善人だが、大局を指揮する経験や能力には欠けていると直言した。孫文はすぐに広東の組織や新聞社に電報を送り、「兄は実直な人だが、政治には通じていない」として、朱執信の意見を受け入れた。[注6]

1920年9月21日、朱執信が虎門要塞で命を落としたのち、孫文は悲しみに暮れ、電文にこうつづった。「執信を失い広東を得たのでは、損失の方が大きい。生きて彼を敬い、死して彼を思い、死は生と変わらない」。[注7] そして彼の革命の功績を記念するため、孫文は「執信学校」（今の広州執信中学）の建設を決めた。東莞市虎門鎮の朱執信が亡くなった場所には、現在執信公園があり、胡漢民が碑文を書いた朱執信の記念碑が置かれている。

注1　李文海：『辛亥革命時期資産階級革命派的献身精神』『人民日報』1981年4月17日。
注2　『朱執信集』中華書局1979年版、第7頁。
注3　余炎光：『朱執信』上海人民出版社1984年版、第19頁。
注4　張順昌：『朱執信与新文化運動』『中国社会科学院研究生院学報』2004年第3期、第127頁。
注5　中共中央文献研究室編：『毛沢東文集』第3巻、人民出版社1996年版、第290頁。
注6　林家有、張金超：『文武兼備的革命家朱執信』広東人民出版社2008年版、第66頁。
注7　林家有、張金超：『文武兼備的革命家朱執信』広東人民出版社2008年版、第160頁。

社會主義學者於德獨昌。於政治上有大勢力。而他政黨乃郤顧失勢仰其佽援焉。蓋自俾士麥當路以來。言德國政治而不數社會黨之勢力者。未嘗得爲知言也。然溯其始事之際。上有暴力。旁無輿援。二三私人。力征經營。顚沛敗亡。豈不爲意。乃稍稍得集。今日得握區區之政權。亦猶非社會學者所以爲期也。繼此以往。欲樹卓絕之功名於社會間者。正亦不患無着手處。然而藉强力倚聲援易以有爲。視初之孤詣獨行者蓋遠矣。

社會革命與政治革命殊科政治革命者第以對少數人奪其政權爲目的耳然則敵少而與者衆也社會革命則富族先起爲阻而政府又陰與焉務絕滅其根株以謀其一己之安有政權與有資財者合則在下之貧民無以抗也夫彼其猜疑於社會黨者固已大謬然而持之堅畏之甚非說論之所能解也抑又甚遠之不欲聞其

『ドイツ革命家列伝』

17　民国初期の俊才　徐凌霄

徐凌霄《じょりょうしょう》（1886―1961）は、民国初期の最も傑出した記者の一人で、黄遠生、劉少少と「民国初期の三大名記者」と並び称された。上海の『申報』『時報』で北京駐在特派員を務めたのち、邵飄萍と共に『京報』を創刊し、『京報』『晨報《しんぽう》』『実報』『大公報』などの新聞の文芸欄を創設した。芝居に精通し、文学や歴史、故事にも詳しく、『国聞週報』『京報』『時報』などの随筆欄を開設し、生き生きとした面白い内容と、なめらかな文章で、読者に大いに歓迎された。

民国初期の俊才

徐凌霄は、原名が徐仁錦《じょじんきん》、筆名を彬彬《ひんぴん》といい、別名は凌霄漢閣主。1886年9月生まれ、江蘇宜興《ぎこう》の人で、京師大学堂で土木工学を専攻し、卒業した。彼は民国初期の最も傑出した記者の一人で、黄遠生、劉少少と「民国初期の三大名記者」と並び称された。劉少少が記者をやめた後は、邵飄萍、黄遠生と「中国新聞界の三傑」と称えられた。徐凌霄は伯父の徐致靖や従兄の徐仁鋳《じょじんちゅう》ら維新派の人物の「国を救うにはまず世論を形成せよ」という考えに影響され、維新変法を支持した。清朝末期に新聞界に入り、のちに著名な記者、故事と芝居研究の専門家となった。彼は1916年から『申報』『時報』の北京駐在特派員を務め、反袁世凱、反帝国主義、反封建、反軍閥を訴えた記事で名を馳せた。邵飄萍と共に『京報』を創刊し、『京報』『晨報』『実報』『大公報』などの新聞の文芸欄の編集長を務め、『凌霄随筆』『凌霄漢閣談話』『凌霄漢閣筆記』『凌霄漢閣随筆』などのコラムを次々と書いた。歴史や故事に詳しく、内容が面白くて、なめらかな文章が、広く読者に受け入れられた。新中国が成立すると、徐凌霄は北京大学に招かれ、古書の整理の仕事に従事した。1954年、北京文史館に招聘され、さらに力を発揮し続けた。1961年1月17日、北京で病没している。

国を救うにはまず世論から

徐凌霄は名門の出身で、家族のなかに政界で活躍した人も少なくなかった。徐凌霄の伯父の徐致靖は礼部右侍郎《れいぶうじろう》（礼楽・祭祀などをつかさどった役所の次官）を務めた。また従兄の徐仁鋳と徐仁鏡はそれぞれ湖南の教育局、翰林院《かんりんいん》（文人学者を集め、書物の編纂などをつかさどった役所）の高官もつとめた。彼らはみな著名な維新派の役人で、そのため戊戌の政変で罪を問われた――一人は執行されなかったが絞首刑を言い渡され、二人は二度と官職に就けなかった。戊戌の政変の失敗後、徐仁鋳は後輩にこう忠告している。「役人になっても中国を救えない。まずは世論を形成して、治国救民の学問を研究し、民衆に呼びかけるべきだ」。[注1]　徐凌霄はこのような環境に影響され、彼らの薫陶を受けた。

　十二歳の頃、徐凌霄は二つの試験で一位になったが、役人になる気はなかったので、山東高等学府に入学し、その後京師大学堂（北京大学の前身）で土木工学を専攻した。長江沿岸の橋の建設工事の調査をしたが、そこで彼は官界の暗部を目撃した。洋務派は西洋人に従うばかりで、一方、保守派は進歩を考えないと。そのような現状に心を痛めた彼は、すぐに上海の『民声報』に記事を投稿し、次のように強く訴えた。「われわれは学問があり、時代の流れを理解できる人物を育てなくてはならない。そして外国の技術をわれわれのために用い、西洋人に頼らずに、自分たちの道を歩まなければならない」。人を育てることで自ら強くなろうというこの文章は、当時かなり大きな反響を呼んだ。徐凌霄はこれで頭角を現し、上海の『申報』『時報』、天津の『大公報』などの有名な新聞と相次いで契約した。それから彼は土木工学を放棄し、波瀾万丈の記者人生を歩み始めたのだ。

　黄遠生が暗殺されると、徐凌霄は彼の跡を継いで『時報』の北京駐在特派員となった。そして「彬彬通信」を発表して、さまざまな記事で、北洋軍閥の悪行を暴き、非難した。「彬彬通信」、邵飄萍通信、『新聞報』の一葦（張季鸞《ちょうきらん》）通信は、当時影響がとても大きく、世論をリードした。[注2]

徐凌霄は戊戌の政変以降、重大な政治事件を自ら経験した。清末民初の朝廷内外の要人や清朝の遺臣と多く知り合い、中国近現代史を熟知し、また関係資料を注意深く読み、清朝の歴史に精通していった。彼のニュースレポートは、古今に通じ、人が知らない内幕や面白い人物の歴史背景を紹介して、大いに読者を喜ばせた。彼は後輩に次のようによく忠告した。「前の水と後ろの水、過去と未来は流れるものだ。だからこそ記事を書くには歴史を読まねばならない」。彼は博識だった上、歴史に対しては謙虚で、物事に通じ、小さなことにはこだわらなかった。歴史を研究し、そのなかに中国発展のためのヒントがあると考えた。特に清末民初の出来事に精通し、戊戌の政変の逸話は何から何まで全て知りつくしていた。民間の歴史や小説、随筆も読みあさり、その上得意の英語で西洋の政治と宗教を研究し、近代科学思想を理解して、中国を分析するのに役立てた。[注3]

反封建の闘士

徐凌霄は記者として名を上げ、皇帝を名乗った袁世凱を非難した。袁世凱は大総統の座をかすめ取ると、国会解散と「暫定憲法」の改変を命じた。徐凌霄は彼のペテンを見抜き、「彬彬」の筆名で袁世凱を攻撃する記事を書き、『時報』に載せた。「簒奪者・司馬昭の心は、路傍の人でも知っている」と。袁世凱が帝制を復活させると、「彬彬」はさらに鋭くその反動的な政治を分析した。袁世凱の次男・袁克文《ぶん》《えんこく》は徐凌霄と文芸を通じた友達で、彼も父が皇帝を名乗るのに反対し、よく内幕を友に漏らした。徐凌霄は正確な論評で記事の価値をますます高め、読者を引きつけた。著名な記者の徐鋳成《じょちゅうせい》は次のように回想している。「私は中学時代、彼の筆名『彬彬』による『時報』の北京特別レポートが大好きで、『申報』の邵飄萍レポートと同じように、毎回熟読したものだ。情勢や各方面の利害関係をはっきり分析しただけでなく、自由な文章で、批判をためらわず、軍閥や政治家を、羅聘《らへい》の『鬼趣図』のように放埓に描写した」[注4]。このように、袁世凱ら北洋軍閥の憎悪に満ちた反動政治を、「彬彬」はしっかりと暴いたのだ。袁世凱はこれに激怒し、『中国新報』編集長の楊度を派遣して、新聞社への出資と官職によって彼を買収しようとした。徐凌霄は逆に楊度に目を覚ますよう説得し、楊度は憤然と帰っていった[注5]。袁世凱の目の前で大っぴらに反抗したのだから、その度胸の程がうかがえる。もし息子の袁克文が裏切らず、大衆が袁世凱を見限らずに、対処する余裕があれば、徐凌霄はとっくに殺されていただろう。

徐凌霄の政治評論は他の評論とは似ておらず、読者に新しい感覚を与えた。蒋介石と宋美齢が結婚した時には、国内の新聞がほとんどが祝福ムードだったのに、彼だけが『中米協力』という独自の評論で、痛いところを突いた。二人はじつのところ政略結婚をしたように見え、それはまさに中国の政局と東アジアの情勢が変化した現れで、親日派と親米派の闘争があることを暗示していたのだ。この見方は新鮮で、言われてみればその通りで、よく考え抜かれており、確かな予測だった。普段は不人気だった月刊『坦途《たんと》』はこの文章の発表後、飛ぶように売れて、一冊も残らなかった[注6]。

芝居を愛し、故事を熟知

天津の『大公報』の招きにより、徐凌霄は文芸欄『戯劇週刊』の編集長を二度務め、その特色を大いに出した。一度目はまず本誌の編集長となり、１９２７年9月13日から11月26日までの間に『戯劇週刊』（不定期）の六号を編集し、評判がとてもよかった。二度目は正式に『戯劇週刊』の編集長を三年務め、1928年1月4日から1930年12月31日まで、あわせて152号を編集出版し、中国演劇史における貴重な記事と写真の史料を残した。[注7]

『戯劇週刊』の内容は、芝居のあらゆる方面を包括していた。300篇余りの文章は当時の芝居のありさまや批評のレベルを如実に描いており、今となっても史料としてかなり価値が高い。その内容は主に三つの面に分けられる。第一は「演劇評論」で、脚本、役者、舞台美術、演出、化粧、衣装など、全てを詳しく紹介し、論評している。第二は作品の発表で、数にすると、新劇が32本、伝統劇が5本掲載された。演出形式では、一幕劇、二幕劇、三幕劇があり、一幕劇が最も多い。ジャンルでは、悲劇、喜劇、笑劇がある。第三は、随筆や雑記などで、量は少なかったが、紙面の雰囲気を整え、読者の興味をかき立てた。徐鋳成は、こう述べている。「徐凌霄は当時の劇評家のように有名役者をおだてることは全くなく、物語の分析と京劇の様式研究を重視した。彼のこの面の知識と見解は、劇作家の斎如山《さいじょさん》と比べても負けていない」[注8]

徐凌霄が『戯劇週刊』の編集長だった頃、本紙の編集長だった張季鸞と社長の胡政之《こせいし》は、彼の研究能力が演劇に対してだけでなく、文学、歴史、故事にも通じていることに気づいていた。しかも知識が深かったため彼は『国聞週報』に招かれて清末民初の故事を書き記した。『国聞週報』は天津の『大公報』の付属刊行物で、一冊の中に時事、評論、文芸、史料を集めた総合週刊誌だった。発行部数は約五万部にものぼり、広く読まれていた。徐凌霄と弟の徐一士は『国聞週報』に共同で『凌霄一士随筆』を書き、百二十万字近くの、故事に関する最も長い著述で、清代から民国初期の百年余りの朝廷と民間の故事や、有名人や科挙制度、風習の移り変わりについて記されている。物事を適切に並べ、似たものを順番に分析し、深く研究して細かく調べたのだ。『凌霄一士随筆』はさらに『清史稿』の不足を補おうと努め、『国聞週報』に八年間連載し、準備期間を加えると十年間も費やしたと言える。[注9]『凌霄一士随筆』の内容を見ると、三つの面に分けられる。第一は資料を並べ、近代史における政府と民間の重要人物を分析し、正史における伝記に相当するものだ。第二は清代の科挙制度の変遷を詳しく述べたもの。第三は官僚制度の移り変わりと官界の上から下までに留意して、清代の官僚の派閥争いを明確に書き記したものだ。[注10]

１９２７年７月７日から１９３７年８月９日まで、徐凌霄と徐一士が合作で記した『凌霄一士随筆』『曽胡談薈』、徐凌霄が『京報』『時報』などの新聞に執筆した『凌霄漢閣随筆』『凌霄漢閣談話』などのコラムには数々の歴史物語がしたためられており、これらの文章は現在の清史と近代史を研究する上で、必要不可欠な資料となっている。

注１　朱錦翔：『民初名記者徐凌霄』『中国記者』１９８８年第10期。
注２　朱小平：『凌霄老人二三事』『民主』１９９６年第５期。
注３　朱錦翔：『民初名記者徐凌霄』『中国記者』１９８８年第10期。
注４　徐鋳成：『報海旧聞（修訂版）』三聯書店２０１０年版、第49頁。
注５・６　朱錦翔：『民初名記者徐凌霄』『中国記者』１９８８年第10期。
注７　王鵬：『記徐凌霄先生二三事』『中国政協報』２０１０年８月16日。
注８　徐鋳成：『報海旧聞（修訂版）』三聯書店２０１０年版、第49頁。
注９　徐凌霄、徐一士：『民国筆記小説大観第三集・凌霄一士随筆』山西古籍出版社１９９７年版、第２頁。
注10　徐凌霄、徐一士：『民国筆記小説大観第三集・凌霄一士随筆』山西古籍出版社１９９７年版、第４―６頁。

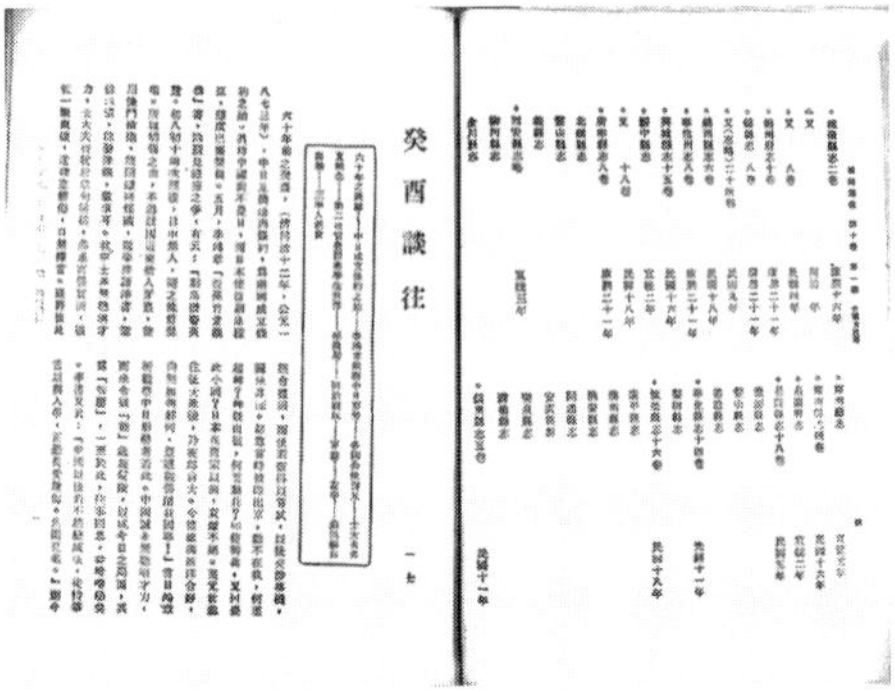

癸酉談往

『癸酉談往』

18 勇気ある辣腕家 邵飄萍

邵飄萍《しょうひょうへい》（1886―1926）は中国近代の著名な記者であり、新聞学者、新聞教育家でもある。上海の『申報』『時報』『時事新報』で編集長を担当し、『申報』の北京駐在特派員となり、「北京特別通信」の記者として人気を博した。東京通信社や新聞編訳社と『京報』を創刊し、社長を務めた。また、多くの大学で新聞学を講義し、『実際応用新聞学』という、国民に向けて書かれた最初の新聞実務の専門書を著した。1925年、密かに中国共産党に加入し、翌年に奉天軍閥によって「共産主義宣伝」の罪名で殺害され、報道に殉じた。邵飄萍は記者、経営者、新聞学研究、新聞教育などの分野全てで功績があり、「万能の記者」と称えられた。

勇気ある辣腕家

　邵飄萍は元の名を新成、または鏡清といい、のちに振青と改め、字を飄萍と称した。阿平や青萍、素《そ》昧平生《まいへいぜい》などの筆名がある。1886年浙江東陽に生まれた。『申報』の編集長や北京駐在特派員、『時報』、『時事新報』の編集長を務め、日本の大阪朝日新聞社でも働いたことがある。『申報』の北京駐在特派員だった間に、二百篇余りの「北京特別通信」を書いて有名になった。『漢民日報』、東京通信社、新聞編訳社を設立し、1918年には独立して『京報』を創刊した。北京大学学長の蔡元培と連絡して「北京大学新聞学研究会」を発足し、教官となって、大学の新聞学部で講義した。彼の二冊の教科書『実際応用新聞学』と『新聞学総論』はそれぞれ正式に出版され、中国で最初の新聞学の専門書となった。彼は五四運動の旗振り役となり、1925年には密かに中国共産党に加入した。1926年4月26日、奉天軍閥によって「共産主義宣伝」の罪名で逮捕され、四十歳の若さで殺害された。邵飄萍はその短い一生のうちに、初期の中国新聞事業のほとんど全ての分野を開拓し、名記者にして名経営者、新聞学研究者、教育専門家としても成功し、「万能の記者」と称えられた。

勇敢な記者人生

　邵飄萍は幼い頃から聡明で、13歳で科挙に合格し、1906年浙江高等学堂師範科に入学して、『申報』で記事を書き始めた。浙江高等学堂を卒業すると、金華中学で教師になり、同時に『申報』に特約通信員として招かれた。1911年には杭州へおもむき、杭辛斎《こうしんさい》と共に『漢民日報』を創刊して、正式に報道の世界へ飛び込んだ。

『漢民日報』の停刊後、邵飄萍は1924年に初めて日本へ渡った。日本での滞在中、潘公弼《はんこうひつ》と共に東京通信社を創設し、北京・天津・上海・武漢の新聞に東京からの記事を提供した。この通信社は「二十一箇条要求」を報道したことで有名になった。彼は帰国後、『申報』の北京駐在特派員を務めた。また北京で新聞編訳社を創設し、外国の通信社が「中国の政治報道を左右する」状況を変えようと努めた。報道の自由を目指して必死に戦い、五四運動や第一次国内革命戦争などの時期に声を張り上げた。東京通信社と新聞編訳社は、中国人が自ら設立した最も初期の通信社で、特定の政党に動かされることなく、独立性が強かった。そのため彼は「何より通信社を重視し、取材と報道によって成功した著名な記者」と称えられた。[注1]

1918年10月5日、邵飄萍は北京で独立して、『京報』を設立し、その社長となった。『京報』創設の動機について彼は、「わが国の新聞事業を改良し、社会のため意見を発表する機関を設け」、「正当な民意の前で政府を動かすことだ」と述べている。[注2] この新聞は内容が豊富で、真実を報道し、客観的で公正な立場をとったことから、刊行してすぐに読者の熱い歓迎を受けた。『京報』は新文化運動の主戦場となり、五四運動を最も早く正確に伝えた。五四運動の勃発後、『京報』はさまざまな角度から詳しい報道を大量に行い、深く分析した。学生の愛国行動を支持し、北洋軍閥政府の売国行為を非難した。そのため新聞は差し押さえられ、1920年9月になってようやく復刊できた。

『京報』の社長として、邵飄萍は実務における多くの大胆な試みと革新をもたらした。見出しを何行

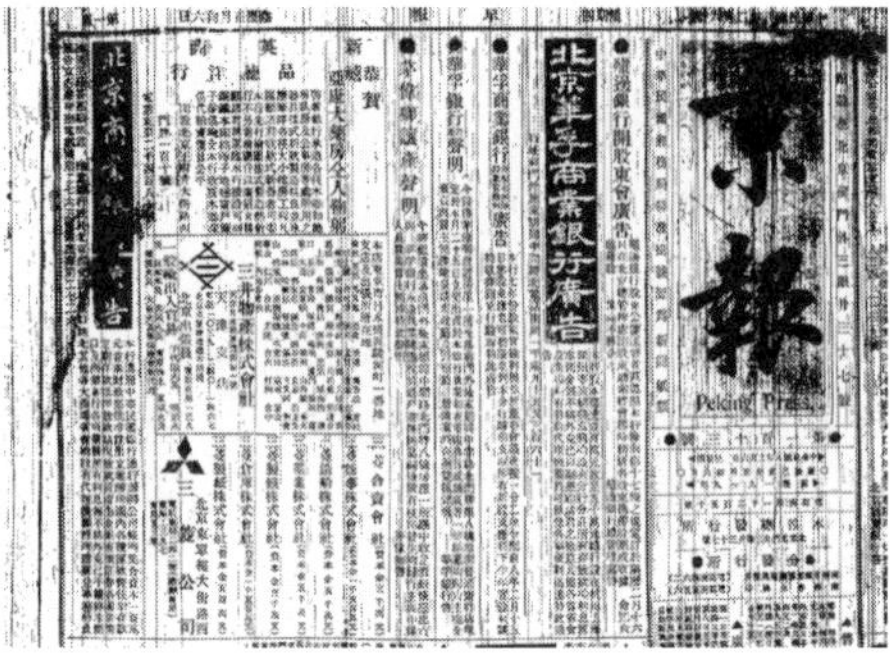

『京報』

かに分けたり、紙面の通信と論評の結び付きを強めたりした他、新聞の経済効果と社会的効果を同時に重んじるなどのことをした。また、特集欄を重視し、『京報副刊』の編集長として孫伏園を招き、「様々な『料理』を用意することで、好みが違う多くの人に気に入られるようにした」[注3]。『京報副刊』と、同じく北京の『晨報副刊』、上海の『民国日報』の特集欄『覚悟』と『時事新報』の特集欄『学灯』は、「四大特集欄」と呼ばれた。『京報』は自社の印刷工場――昭明印刷工場を所有し、発刊時間を保証できたため、確実な利益を得られた。

『漢民日報』から独立して『京報』を経営したことで、邵飄萍の独立新聞の理念と、勇気をもって探索する精神は、彼の新聞事業に最後まで貫かれた。

最高の取材は芸術

邵飄萍はその短い記者人生で、人々を驚かせる内幕や特ダネを、数多く記事にした。それは彼の高レベルで熟練した取材技術があったからこそできたもので、取材は彼の手によって芸術の域にまで昇華された。

彼は『実際応用新聞学』のなかで、記者には「その脳を休める時はなく、その耳目は常に準備して、世間の全ての変化に網を張るものだ」と記している。そして記者は「ニュース嗅覚」と「ニュース頭脳」を働かせ、感覚を高く維持し、いつでもニュースを捕まえられるようにすべきだと述べた。「二十一箇条要求」、ドイツとの国交断絶、宋教仁暗殺事件、金フラン論争など、彼の記事は、いずれもその典型的な例だ。

邵飄萍が身に付けていたのは「すばやい感覚」と「確かな取材力」だけではない――一度ニュースの匂いを嗅ぎ付けたら、全力で突っ走り、休息も取らずに取材へと向かった。北洋軍閥の役人の出勤前、昼休み、退勤後に合わせて、普段から朝7時や、昼の1時、夕方6時に取材を行い、わずかな時間を作り出して活用した。いつも新聞社で日常業務をこなさねばならないため、休日にも取材をしていた。1916年から1926年までの十年間、彼は春節のたびに汽車で出かけた。敵味方の戦況を知るため、彼は頻繁に戦場を訪れ、取材していたのだ。

「友達が多く、義理堅い」というのも、邵飄萍が積み重ねた人脈の広さを表していた。彼の取材対象は総統や総理から召使や庶民まで、誰とでも打ち解けることができた。彼はいつも「友情を語るだけで、政治の話はしない」と明記して政府の要人に招待状を送り、彼らが警戒心を解いたのを見計らって、重要な内部情報を獲得したという。

取材の時、邵飄萍は臨機応変にふるまい、例えばフランス公使の部下を装って会場へ付いていき、内閣が議論していた金フラン論争の資料を手に入れた。「処女のごとく身を守り、脱兎のごとく駆け付け、鬼神のごとく機会を逃さない」という能力を彼は身に付けていた。彼は取材相手の心を読む力にも秀でていた。段祺瑞が黎元洪《れいげんこう》に妥協を迫り、勝利したことを新聞で誇示しているのを見て、彼は北京に戻った段祺瑞に深夜の面会を求め、政府内の争いを探るだけではなく、政局がどう動くかを見極めた。著名な記者・張季鸞は彼のことを次のように絶賛している。「北京の高官は記者を嫌うものだが、邵飄萍とだけは会って話さざるを得なかった。遠回しな数語でほとんどが伝わったからだ。彼は時代に迎合せず、婉曲に暴露したり、まっすぐ攻撃を加えたりするので、官僚はどうすることもできなかった。彼らはやがて飄萍のことを知り、新聞を重く見るようになり、飄萍の声望は日々高まっていった」注4

先陣の書

邵飄萍は優れた記者であり、また経営者というだけでなく、著名な新聞学者で新聞教育家でもあった。1918年、彼は蔡元培や徐宝璜《じょほうこう》と共に北京大学新聞学研究会を発足した。これは中国で最初の新聞学研究の団体で、「新聞教育の第一歩」と呼ばれた。注5 彼はその研究会で指導者となり、会員に新聞実務に関する知識と技能を伝え、彼が主宰する『京報』を実践の場として提供した。1923年、彼の教科書（北京平民大学新聞学部で学ぶ時の教科書でもあった）を正式に『実際応用新聞学』として出版した。それは中国初の新聞実務についての専門書であり、徐宝璜の『新聞学』や戈公振《かこうしん》の『中国新聞学史』と共に、中国新聞学の大系を作り上げた「三大基準」と呼ばれている。彼のもう一冊の著作『新聞学総論』（北京国立法政大学の新聞学の講義の教科書）は1924年に出版され、新聞の性質や仕事など、主に新聞学の基本概念を解説している。

この二冊のなかで邵飄萍は、新聞を「社会の公共機関」で「国民世論の代表」と見なし、社会に向けて「人類のお互いの意思、感情、趣味、知識といった全ての利害に関する情報」を伝えねばならないとした。そして、新聞事業の独立性を強調し、それによって政府を監視し、民衆を呼び覚ますのだと述べている。新聞業は、統治者と被統治者を超えた、社会の第三要素だと考え、記者は統治する側とされる側のいずれからも外れた「第三者」となるべきで、「無冠の帝王」だ。理想の記者は「人の道を歩み」、「弱者のために問題提起して、力を持つ者に好き勝手をさせず」、「人格、品行、義侠心、勇気、誠実、勤勉、忍耐」などの道徳を守り、同時にさまざまな分野に精通し、それらを研究して、言葉をよく学びよく実践せねばならないと訴えた。そして彼は法律制度によって報道の自由を保護すべきで、その法制は民主主義思想の上に築かれ、専制政府が統制する新聞法であってはならないと強調した。また彼は新聞の真実性を重視し、常に「読者を欺くことのない事実の追求」を報道の第一信条とした。新聞にとって大事なことは読者への情報伝達で、「その最も重要な原材料があってこその新聞だ」と彼は見ていた。

そこからもわかる通り、邵飄萍の新聞思想は、多くを西洋の自由主義による報道理論から取り入れていた。彼の二冊の本はかなりを西洋の理論に頼り、経験を求めることも理論研究にまさっていた。彼には「窮乏、拘留、逃亡、没落、家族の離散」などの苦難の後、「他の楽しみもなく、新聞事業だけが大きな喜びで、一生続けたいと望んだ」という面もあった。[注6] ただ西洋の新聞理論を国民に紹介したことや、自分の新聞事業における経験を文章にして同業者に伝え、当時まだ歩み始めたばかりの中国の新聞学研究と教育にたずさわり、重要な役割を果たしたことだけは間違いない。

辣腕、報道に殉ず

邵飄萍の「新聞救国」という思想は「浙江高師」で学んだ頃にまでさかのぼることができる。彼は同窓の邵元冲《しょうげんちゅう》や陳布雷と共に、校内で「二邵一陳」と呼ばれていた。当時は教師の沈士遠や沈尹默《しんいんもく》らが、授業のなかで漢族の復興と満州族の排除による救国思想を教え込み、学生と積極的に国の大事を議論した。そんな雰囲気に感化され、時事問題に熱中した邵飄萍は、のどの渇きを癒すように多くの新聞を読み、梁啓超の変幻自在な文体をまねて筆を執るに至った。新聞事業で国を変えようという彼の理想は、まさにそこに根差していたといえる。

彼は『漢民日報』で働いた頃、袁世凱ら軍閥が跋扈し、浙江の汚職役人が私腹を肥やしているという記事を書き、「三度逮捕され、九か月投獄された」。１９１８年に『京報』を創刊し、自ら書した「鉄肩辣手」の四字を編集室の壁に掛け、自身と同僚を励ました。「鉄肩辣手」の四字は明代の楊椒山《ようしょうざん》による詩「鉄肩道義を担い、妙手文章を著す」からきており、革命の先駆者・李大釗もこれに何度も言及している。「妙手」を「辣手」に改めて浙江の方言に近づけ、恐れずに真理を守るという邵飄萍の決意を表している。１９１９年5月3日、彼は北京大学の学生集会で激しい演説を行い、「勇気をもって祖国の危機に立ち向かい、思い切り戦おう」と呼びかけた。そして自らの肩にはずっしりと重い社会的責任を担い、純粋な愛国の情を心にいっぱい満たしているのだと表明した。かつて北京大学の新聞研究会で聴講した毛沢東は深く影響を受け、「熱い理想と優れた品格を備えた自由主義者」だと彼を称えた。『京報』はその後、安徽派軍閥に差し押さえられた。その原因は段祺瑞政府の内幕を暴露したことだった。しかし「飄萍は一本のペンで、十万の軍と戦った」と名声が世に広まった。

１９２６年４月、奉天派軍閥が北京に駐留し、邵飄萍、魯迅、李大釗、孫伏園ら48人が指名手配された。４月24日、六国飯店に避難していた邵飄萍は無謀にも事務処理のために京報館に戻り、仕事を終えて出てきたところを逮捕された。13人の新聞界の大物が張学良に助けを求めたが、かなわなかった。４月26日の夜明け、邵飄萍は天橋の処刑場で殺害された。その罪名は「ソ連と結託して、共産主義を宣伝したこと」だった。正義に殉ずる直前、彼は「ひざまずくのを拒み、天を仰ぎ狂ったように二、三度笑った」という。[注7]「万能の記者」は凛として死を恐れず、報道に命を捧げた。

注１　呉延俊：『中国新聞史新修』復旦大学出版社２００８年版、第１４４頁。
注２　邵飄萍：『本報因何而出世乎』『京報』創刊号、１９１８年10月５日。
注３　郭汾陽著：『鉄肩辣手：邵飄萍伝』浙江人民出版社２００６年版、第３４７頁。
注４　方漢奇主編：『中国新聞事業通史』第一巻、中国人民大学出版社１９９２年版、第１１０２頁。
注５　戈公振：『中国報学史』三聯書店１９５５年版、第２５９頁。
注６　方漢奇主編：『中国新聞事業通史』第一巻、中国人民大学出版社１９９２年版、第１１０２頁。
注７　郭汾陽著：『鉄肩辣手：邵飄萍伝』浙江人民出版社２００６年版、第３２８頁。

『我国与世界戦局』

19　詩と酒を愛した文豪　葉楚傖

葉楚傖《ようそそう》（1887―1946）は、中華民国初期の著名な記者で、政治評論家。青年時代に革命宣伝事業に身を投じ、のちに上海で国民党の機関紙『民国日報』の編集長を十年余り務めた。袁世凱や北洋軍閥の封建的統治を激しく非難し、共和制を支持して、「正論を守り、国家に貢献した」と称えられた。葉楚傖は優れた政治評論家でもあり、その文章は時事に詳しく、自由闊達で勢いがあり、勇壮だった。

詩と酒を愛した文豪

葉楚傖は民国初期の著名な記者で、原籍は江蘇呉県（今の江蘇崑山）、1887年8月20日に生まれ、1946年2月15日に上海で病没した。原名は宗源、字は卓書と称した。若くして革命に身を捧げ、記者の仕事を始めた頃から「楚傖」の筆名を使い、その後はこれのみを名乗って、他の名を用いることはなかった。葉楚傖は二十歳過ぎには汕頭《スワトウ》で革命派の新聞『中華新報』を主宰した。中華民国成立後は上海で『太平洋報』『民立報』『生活日報』などの革命派新聞を主宰、または参加した。1916年から1927年、上海で国民党の機関紙『民国日報』の編集長を十年余り務め、袁世凱と北洋軍閥の封建政治を強く批判し、共和制を支持して、「正論を守り、国家に貢献した」と称えられた。

汕頭の『中華新報』、世を賑わす

葉楚傖は知識人の家に生まれた。父・鳳巣《ほうそう》は清末の学者で、多くの書に精通し、文名を馳せた。父の指導により、もともと聡明だった葉楚傖は学力を伸ばし、知識を増やして、文学や歴史の基礎をしっかり身に付けた。育った家庭が貧しかったため、子供の頃から革新の精神を持っていた。1903年、清朝が科挙を廃止して学校を新設すると、葉楚傖はまず上海南洋公学に入学して、のちに南潯潯渓《なんしんしんけい》公学の高等科に転入した。潯渓公学は数カ月もたたずに学生運動が原因で解散させられ、彼は浙江の桐郷《とうきょう》県濮《ぼく》院《いん》鎮へおもむき、もとの潯渓公学の学生八人といっしょに勉強した。その頃、鄒容の『革命軍』という本が出版され、葉楚傖と同級生たちはこっそり買い求め、回し読みした。少年たちは反清革命と共和国建設の主張に情熱をかき立てられ、休日に集まっては公開演説を行い、清朝の腐敗を非難して、民族革命を主張した。葉楚傖の生涯の志は、まさにここに始まったのだ。

１９０４年、葉楚傖は蘇州高等学堂に入学した。三年後の卒業試験の時、監督官が密かに試験問題を改ざんして順位を入れ替えているのをある学生が見つけ、学生たちは怒り出し、その監督官を殴りつけた。葉楚傖は日頃から勇敢で自由にふるまい、才気があふれていた。このため同級生からの人望が厚く、清朝の江蘇当局にマークされていた。当局は彼が学生を扇動して監督官を殴らせたのだと濡れ衣を着せ、「反乱者」として、投獄しようとした。噂を聞いた葉楚傖は学校から逃れ、友人・柳亜子《りゅうあし》の家に隠れた。その後、塾教師の陶小沚《とうしょうし》と浙江の名士に取りなしてもらい、やっと収まった。

１９０８年４月、謝逸橋と謝良牧の兄弟が広東の汕頭で『中華新報』を創刊した。陳去病を主筆に招き、革命思想を大々的に宣伝して、清朝に逆らい、海外の『民報』『復報』と呼応して、革命党員の嶺南における重要な宣伝陣地となった。ところが、陳去病がまもなく病気のために辞職し、従弟の葉楚傖に代わりを務めさせることになった。１９０８年の末、なんとか投獄を逃れた葉楚傖は上海から汕頭へ南下し、『中華新報』に記事を書き、「力強い文章で、すぐに人気が出た」。こうして葉楚傖の記者人生が始まり、自らの文才によって、革命事業を宣伝し、学識豊かな文豪という評判を勝ち取った。１９０９年春、葉楚傖は汕頭で同盟会に加入した。汕頭、潮州、梅県などの革命党員と頻繁に付き合い、「詩鐘社」というグループを設立して、詩にかこつけた革命党の酒宴を開き、積極的に反清活動を行った。そして大量の詩文を書いて、国を救うための強い思いを表明した。１９１１年の辛亥の年、革命の嵐が巻き起こった。4月、革命党がまたも広州と黄花崗で蜂起し、多くの血が流れた。6月、引き続いて四川保路運動が発生した。葉楚傖は『中華新報』で『新七殺碑』を発表し、清朝を愚かだと罵倒すると共に、国に災いをもたらす「悪の政府」を一気に打倒しようと民衆に呼びかけた。これに広東広西総督の張鳴岐《ちょうめいき》が激怒して、『中華新報』の閉鎖を命じた。だが、『中華新報』はすぐに『新中華報』と改名して発行を続け、その主張はますます過熱し、「広東広西を揺るがして、潮州や汕頭の人々は、葉楚傖をさらに高く評価した」[注1]という。

1911年10月、まず武昌での蜂起が成功し、広州、汕頭、潮州も引き続き解放した。葉楚傖は潮州府長に推挙されたがこれを断り、『新中華報』を離れて、姚雨平《ようへい》司令官の広東軍に加わった。そして姚雨平の秘書として北伐に従軍し、南京を攻め落とした。1912年1月、孫文が中華民国臨時大総統に就任し、葉楚傖は姚雨平の軍に従って守りを固めた。清の将軍・張勲は徐淮《じょわい》に攻め入って、南京を脅かし、姚雨平は命令を受けてこれに反撃した。葉楚傖は秘書兼参謀として、軍と共に河を渡り、固鎮《こちん》、宿州で戦った。

上海の『民国日報』、共和を再建す

1912年2月、南北和議が成立したため、姚雨平は軍の武装を解き、葉楚傖と共に上海を訪れた。そして上海軍都督・陳其美の出資を受けて、1912年4月1日に『太平洋報』を創刊し、姚雨平が社長、葉楚傖は編集長となった。『太平洋報』は民国成立後に同盟会が上海で刊行した最初の大型日刊新聞で、民主政治を宣伝し、袁世凱の民族の利益に反する売国行為、帝制復活、封建制や軍閥に反対した。

葉楚傖は『太平洋報』の編集を主導した他、于右任が創刊した革命新聞『民立報』にも記事を書いた。資金不足のため『太平洋報』は同年10月に停刊となったが、于右任はすぐに葉楚傖を民立報社に招き、仕事を任せた。1913年3月、袁世凱は国民党の理事長代理・宋教仁を暗殺させると共に、五国銀行団から軍費のために巨額の借款をして、内戦を準備し、南方の革命勢力を潰そうとした。これに対して孫文らは「第二革命」を仕掛け、武力で袁に立ち向かった。葉楚傖は『民国日報』で、「民を守る」「隣国との友好」「悪を倒す」という三つのことを宣言し、国民に「第二革命」の支持を呼びかけたのだ。注2 1913年秋、『民立報』は停刊となり、葉楚傖は革命党員の徐朗西が上海で創刊した『生活日報』に招かれ、編集を任された。1914年、『生活日報』は借金のために共同租界の警察に封鎖され、葉楚傖はどうしようもなくなり、『礼拝六』などの雑誌に恋愛小説を書いたり、城東女学、競雄女学、開明女学などで国語教師を務めたりした。

「第二革命」が失敗に終わると、孫文は日本へ亡命し、東京で中華革命党を組織して、積極的に袁世凱の帝制復活に反対する闘争を繰り広げた。1915年秋、中華革命党総務部部長の陳其美がひそかに上海へ戻り、東南部の各省で反袁世凱の軍事を指揮した。陳其美は『民立報』の停刊後、上海に世論工作の機関がないことを考え、袁を倒す宣伝のため、『民国日報』の刊行を決めた。

1916年1月22日、上海市フランス租界天主堂街59号（のちに共同租界山東路、すなわち望平街163号に移った）で『民国日報』を正式に発行し、葉楚傖が総編集長、邵力子が経営を担当した。この新聞は中華革命党の上海における唯一の言論機関で、国を盗み取った袁世凱を討伐し、共和制を守ることが大きな任務だった。日に三枚刊行し、袁を倒し国を守るための情報を各地へ大量に送り、袁の犯罪的言論を非難した。その情報は迅速で豊富、言葉は鋭く辛辣で、当時の新聞のなかでも特別な存在だった。

1916年6月6日、袁世凱が不安のうちに死去し、引き継いだ北洋政府は表面的に共和制を守る素振りを見せたが、「臨時約法」と国会の回復を拒否し、袁世凱と同様封建専制を継続した。これに対して孫文ら革命党員は暫定憲法を守り、国会を回復するために、「護法運動」を引き起こした。『民国日報』はそれと歩調を合わせて、大量に護法運動の告示、宣言、情報を載せ、北洋軍閥の偽りの共和制に対し、実際は陰謀と犯罪なのだと容赦なく批判した。

『民国日報』は中華革命党の機関紙で、1919年に中華革命党を中国国民党に改編してからは、中国国民党の機関紙となったが、経済的に余裕はなく、上海では貧乏新聞社として有名だった。時には同業者から「盗んだニュース」に頼らねばならず、葉楚傖や邵力子が衣服を質入れしてどうにか新聞を維持した。[注3] 当時上海の革命派新聞は、経費が乏しい上に、政府の圧力を受け、ほとんどが創刊後すぐ停刊となり、継続が難しかった。『民国日報』だけが革命同志の経済支援と、記事への大きな支持に加えて、葉楚傖や邵力子らの努力でなんとか経営を維持し、旗を下ろすことはなかった。袁世凱の帝制に必死で反対し、北洋軍閥の封建専制を非難し続け、常に「共和制を擁護して、民主主義を提唱し、国民の奮闘精神を呼び起こした」。[注4] そしてついに袁世凱の帝制の甘い夢は破れたが、北洋政府が引き継いで「中華民国」の看板を下ろそうとはしなかった。『民国日報』は世論を導き「共和再建」をめざした功があり、総編集長の葉楚傖は特に大きな働きがあった。1919年5月、周剣雲が葉楚傖の『小鳳雑著』のために序文を書き、「正論を守り、精神を鍛え、苦心して成果を上げ、国に貢献した」と褒め称えた。[注5]

于右任もその後、葉楚傖が上海で『民国日報』を率いた期間、「ペンを旗印にして」民国を守ったとしてその苦労を高く評価した。

勇壮な評論、華麗な詩文

中国の新聞史上で、葉楚傖の最も輝かしい功績は、時事に詳しく勢いがあった評論記事だ。江南の山水は美しく、文弱な男が多いが、葉楚傖は南の人でありながら北方人の顔立ちで、体は大きく立派で、風貌は厳めしく、まるで広西の大男だった。また酒好きで、食事のたびに酒を飲み、酒なしで食事を楽しむことはなかった。彼は『民国日報』編集部で引き出しに酒瓶を入れ、いつもコウリャン酒を飲んでラッカセイをかじりながら、評論を書いていた。深い教養に、凛とした気風、豪胆な気勢が、酒の力で一層発揮され、着想が尽きることなく、誰よりも勇壮だった。著名な記者で学者の曹聚仁《そうしゅうじん》がこう述べている。「葉楚傖の評論は落ち着いた力があり、勢いがあり、「雄渾《ゆうこん》」の二字でその特徴を言い表すことができる」[注6]。例えば、護国軍、中華革命軍、そして全国民がそろって反対する「洪憲皇帝」となった袁世凱は、1916年3月21日に懐仁堂で連合会議を招集し、帝制取り消しを決定して、中華民国に戻した。しかし、袁世凱が帝制を取り消したのは全国民の反袁闘争をなだめるためで、罪を悔いる気持ちはなく、依然として大総統の地位に居座り、捲土重来を期するつもりだった。3月27日、葉楚傖は『民国日報』で『帝制取り消しに翻弄されるなかれ』という題の論説を発表した。そして態度を決めかねているか、まだ袁についていこうという各省の都督、巡按使、将校に対して早く目覚め、袁の権謀術策に気づくよう警告した。この論説は美しい文章で、言葉は力強く、勢いがあり、情感が激しく、典型的な葉楚傖の

「雄渾」な評論だったといえる。短い時評であっても、彼はやはりたった百字ほどで、起伏に富んだ力強い文章を書いた。

新聞の政治評論以外に、葉楚傖は大量の詩や散文、通俗小説も残している。彼は革命文学団体の南社で活躍し、また新南社の発起人の一人となって、よく社友と遊び、詩と酒を楽しんだ。彼の詩は言葉を巧みに使って、華やかで深い意味を込めていた。散文は堂々とした筆使いで、細やかな感情を表し、江蘇の山水のように暖かかった。それは彼の「広西の大男」といった風貌とは対照的だった。友人の胡朴《こぼく》安《あん》がからかってこう述べている。「容貌を見れば、楚傖の名にふさわしい。文を読めば、小鳳という名がぴったりだ」[注7]

1926年春、葉楚傖は蒋介石に招かれ、広州で中央政治会議秘書長に就任し、それからは記者としての活動を終え、国民党の権力の中心まで登りつめ、江蘇省政府主席、国民党中央宣伝委員会主任委員、立法院副院長、中央出版事業管理委員会主任委員などの職に就いている。1946年2月15日、60歳で病没した。

注1　于右任（姚鵷雛代撰）：『葉楚傖先生墓碑銘』、葉元編：『葉楚傖詩文集』上海三聯書店1988年版、第9頁。
注2　葉楚傖：『民立報最近宣言』『民立報』1913年7月31日。
注3　曹聚仁：『上海春秋』三聯書店2007年版、第137頁、曹聚仁：『我与我的世界』(上) 北岳文芸出版社2001年版、第299頁。
注4　『民国日報奮闘之精神』『建設』第一巻第三号、1919年10月。
注5　葉元編：『葉楚傖詩文集』上海三聯書店1988年版、第24頁。

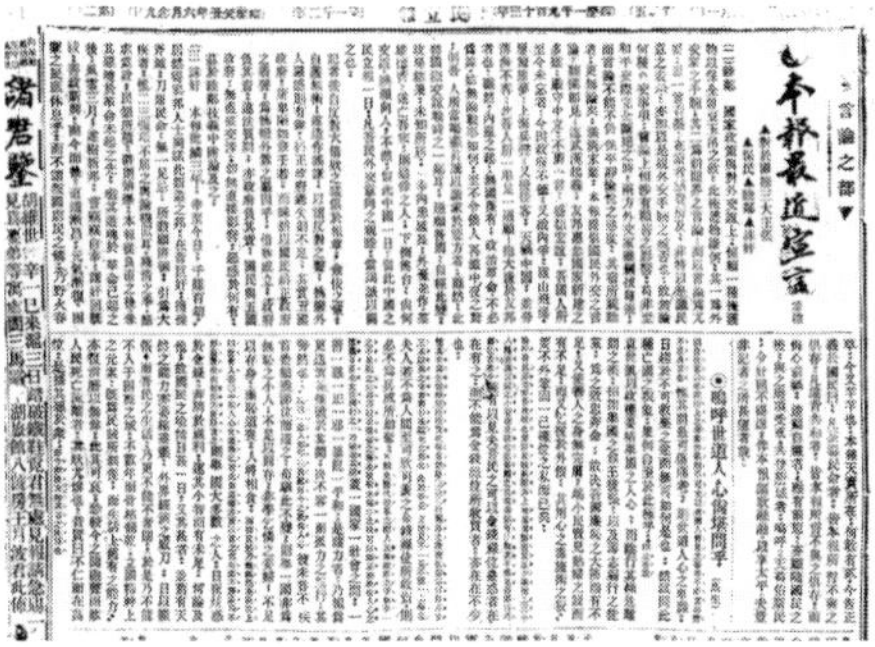

『民立報』最近宣言

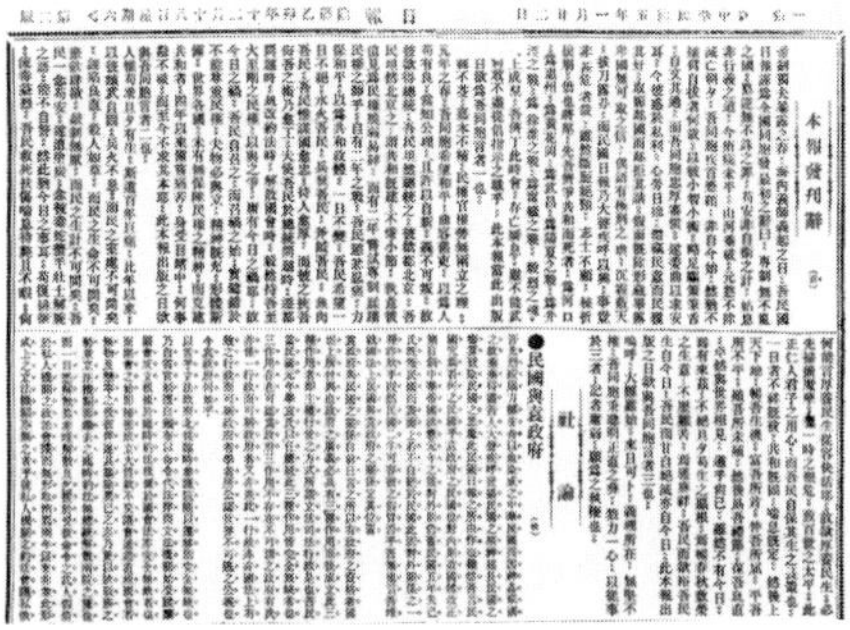

『民国日報』発刊の辞

注6　曹聚仁：『上海春秋』三聯書店２００７年版、第１３７頁、曹聚仁：『我与我的世界』（上）北岳文芸出版社２００１年版、第２９９—３００頁。

注7　鄭逸梅：『近代名人叢話』中華書局２００５年版、第89頁。

20　一代論宗　張季鸞

張季鸞《ちょうきらん》（１８８８―１９４１）は中華民国期の著名な記者で、政治評論家。清朝末期に生まれ、革命を支持し、新聞界に身を投じた。中華民国期の有名な新聞『大公報』を主宰し、優れた文章力で民国の政治、軍事、社会、思想について記事を書いた。彼は気高い人柄で、親近感と人への影響力に富み、しかも軍閥や政治の醜い現象に対する批判精神を備えていた。彼は国を愛して仕事に励み、真面目で情熱的で、国家と人民を思い、抗日戦争を全力で後押しした。肝心な時には誠意をもって対処し、明白で理性的な言論で民族復興という大業を支援した。不朽の政治評論を数多く残したことから、１９４１年の病没後、国民党と共産党の双方から高い評価を受けた。

一代論宗

張季鸞（1888―1941）は、原名は熾章《ししょう》、字を季鸞という、筆名は一葦《いちい》、老兵などで、山東鄒《すう》平《へい》に生まれた、陝西楡林《ゆりん》の人。若い頃に高名な儒学者・劉古愚のもとで学び、その後日本へ留学した。中国と西洋の学問に通じ、情熱と理性を兼ね備えていた。中華民国成立後、臨時大総統となった孫文の秘書を務め、袁世凱が政権を握ってからは新聞界に身を投じた。人民のために働き、直言が原因で北洋政府に拘禁された。1926年以降、民国期の最も有名な新聞『大公報』を率い、「不党」「不売」「不私」「不盲」の「四不主義」を掲げ、古い中国の新聞からの独立を宣言した。政治評論を数多く書き、時局に大きな影響をもたらし、国民を鼓舞した。

逆境に恩を感じ、新聞界に心を傾ける

張季鸞は没落した役人の家に生まれ、早くに父を亡くした。母はしっかりとした正直な人で、生活は苦しかったが、子供に勉強を続けさせた。季鸞は小さい頃から一生懸命に学び、延楡道の陳兆璜《ちんちょうこう》に認められて学資の援助を受けた。まず煙霞草堂に入り、師匠は高名な儒学者・劉古愚だった。その後は三原宏道高等学堂に入ったが、不幸にも入学のわずか二か月後に愛する母が病没し、死に目に会えなかったことを彼は生涯悔いた。1905年、陝西省が日本への留学生を選抜し、成績優秀だった彼が選ばれた。若い頃の苦労が、張季鸞の一生において「報恩主義」という価値観を育んだ。「親の恩に報い、国の恩

に報い、全ての恩に報いねば」[注1]というわけだ。同時に彼の謙虚で友好的で、真面目で理性的、という人柄もこの時期に形成された。

日本留学の間、陝西の留学生が創刊した革命雑誌『夏声』で編集長となり、初めて雑誌の運営を試みた。1911年に帰国すると、『民立報』の編集を任され、于右任の新聞経営を助けた。1912年初めに中華民国が成立すると、臨時大総統となった孫文の秘書を務めた。そして孫文のために『臨時大総統就任宣言』の草稿を作り、若い才能を初めて発揮した。袁世凱が大総統になってからは、彼は政府の仕事を辞め、新聞業に専念し、1913年に北京で、上海の『民立報』と連携した。宋教仁暗殺事件が起きると、これを激しく糾弾したために、同業の友人と共に逮捕され、三カ月拘留された。出獄後は上海で記者を続けた。

袁世凱の死後、1916年に張季鸞は『中華新報』の編集長となり、また段祺瑞政府が日本と取り決めた満蒙五鉄道をめぐる多額の借款契約を暴き、再び拘禁され、各方面の助けにより釈放された。数度の拘禁という災難も、文によって国に報いるという彼の決意と情熱を弱めることはなく、小さなペンで正義を守り、人民のために戦おうという信念は、さらに深まった。1919年に再び上海で『中華新報』の編集長を任されたが、困難な経営のため、いくつもの仕事を兼ねるなどかなり苦労した。この頃、張季鸞の論説はすでに社会で相当な影響力を持っており、「『中華新報』の記者の張一葦（張季鸞）は頭脳明晰で、評論はどれも的を射ている。真面目で仕事に忠実で、賢明な記者であり続け、不偏不党を貫いた」と論評された。[注2]『中華新報』はその後ついに経営困難のため、1924年に停刊を迫られた。失業した張季鸞は短い間、隴海鉄道で働いた。収入は多かったが、望んだ仕事ではなく、すぐにこの

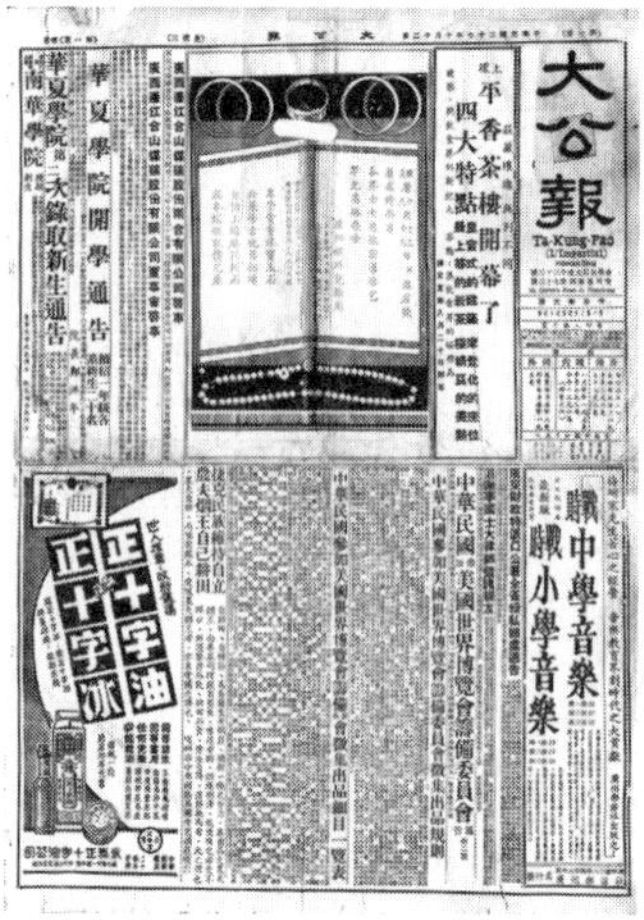
大公報
Ta Kung Pao
平香茶樓開幕了
四大特點
華夏學院開學通告
正十字油
正十字冰

『大公報』

「恵まれた職」を辞し、記事を書く機会を探し続けた。

『大公報』が世論を引っ張る

1926年に張季鸞、呉鼎昌《ごていしょう》、胡政之は新しく会社を立ち上げ、停刊となった天津の『大公報』を買い取り、この新聞の批判性と「文人による政治評論」という精神を引き継いだ。張季鸞は主筆を務め、国学と西洋の学問を深く理解した彼は、起伏に富んだ文章で潮流を引き起こし、時代を読んで、世論の重鎮となった。張季鸞と『大公報』は共に中華民国の新聞界であるべき指標となったのだ。

張季鸞は自身の実践により、中国の新聞業を絶えず進歩させた。彼は『大公報』創刊の言葉で「四不主義」を掲げ、新聞界に「不党」「不売」「不私」「不盲」という基準を打ち立てた。それは中国の新聞が独立していく過程において、重要な道標となった。彼は新聞によって国を愛し、国の利益を守るというテーマで、『大公報』の政治評論を十五年間引っ張った。日本が武力によって中国の滅亡を企む、という民族の危機に直面すると、彼は大量の評論を書き、国民に反省と団結、奮起と日本への抵抗を呼びかけた。満州事変が勃発すると、国民の抗日への熱意は高まったが、国力は脆弱だった。彼は平和への一縷の望みはまだあるとして、「不盲」の精神により、政府の頑張りと改革、国民の目覚めと団結をこう促した。「政府には準備時間がある。一時の怒りに駆られることなく、日本に思い知らせ、勝利を得ようではないか！」。[注3] 新聞社は過激派の襲撃を受けたものの、理性的な立場を変えなかった。

西安事件が起きると、彼はよく熟慮して、平和裏に解決する方法を打ち立て、『西安事件の解決後』『再び西安事件を論ず』『西安の軍への公開書簡』という三編の論説を書いた。このうち特に最後の一篇は、見事な文章で人の心を打ち、感動を呼んだ。蒋介石夫人の宋美齢と、その兄・宋子文らはこの文を印刷して、西安の空から投下した。多くの読者は感激して涙を流し、張学良ら事件の中心人物の心にも微妙な影響を与え、平和解決のための重要なきっかけの一つになった。

抗日戦争の勃発前、国際連盟は中国駐在のドイツ大使・トラウトマンを派遣し、中日の対立を解こうとした。一時は和平がすぐ訪れるかに思われたが、上辺だけの和議が散布され、民衆を抗戦への決意に傾かせた。彼は内幕を知ると、『最も低調な和議』という文を発表し、不誠実な日本を責め、人々の目を覚まさせ、抗日へと向かわせた。戦況が苦しくなると、彼は論説を次々と出し、団結と徹底した抗日を呼びかけ、「国家至上、民族至上、軍事第一、勝利第一」というスローガンを打ち出した。人生が終わりに差し掛かっても、病床で王芸生の『われわれは稲を刈る』という戦争を描いた名文を指導し、中国人民の抗戦への決意を固めさせた。

文で国に報いるのが、文人の役目

張季鸞の文章と教養について、李侠文《りきょうぶん》は彼の人柄と切り離せないと述べている。確かに、文は人であり、彼の道徳的な文章は同時代の人々を深く感心させた。若い頃、彼は「三罵」と署名していた。蒋介石が宋美齢を娶ると、『蒋介石の人生観』を書き、彼が前の妻と別れて新しい妻を迎えたことを、無学無能で本能をあがめていると罵った。『指導者が罪悪を欲するとは』という文章では、汪精衛が「いい人でありたいがために優柔不断な指導者になることは、罪悪に他ならない」と罵った。汪精衛はその後やはり売国奴に堕落した。『つまずく覇権』という文では、呉佩孚《ごはいふ》が「一時的に覇権を握っても、武力を妄信した一人に過ぎない」と罵り、北洋軍閥の計画の穴を指摘した。

日本の侵略が一歩一歩迫ってくると、彼は社会や国家に対する文章の有用性に理性的に着目し、どうすれば国や戦争に対して有利になるかを、文章を書く出発点にした。１９３０年代、彼は『大公報』で「恥を明らかにして戦いを教える」という方針を打ち立て、王芸生に指示して、中日の歴史における交わりを整理させ、三年間に渡って連載し、ついに『六十年来の中国と日本』という大著を完成させた。また、軍事学者の蒋百里に、特集号で軍事に関する知識と常識の解説を依頼し、長期の抗日戦争に備えた。

彼は愛国の理念を守り、文章によって国に報いようと努め、「他にも国を愛する者はいるが、季鸞の愛国は真心からで、寝食を忘れて国を愛した」「彼は文章への態度が慎み深く、執筆前に熟考して、悪口は書かず、あやふやなことも書かなかった。問題について述べるには、繭から糸を取るように、深く入り込み、途中でよく警句を用い、よどみなく読むことができた」と当時の人は評価した。たしかに彼の論説は誠実で鋭く、論理で人を納得させ、情で人を動かし、国を愛し、客観的で、内外に大きな影響力があった。蔣介石は官邸や野戦司令部、執務室に毎日必ず『大公報』を置き、いつでも読んで民意を理解するようにした。第二次世界大戦中、アメリカや日本などの指導者もこの新聞から中国の実際の動向を読み取り、共産党の毛沢東らもこの新聞をかなり重視していた。1941年5月15日、『大公報』がアメリカのミズーリ大学報道学部の「最優秀新聞賞」を獲得した。「中国で長期に渡って内外の厳しい局面に遭遇しながら、『大公報』は国内報道と国際報道の両面でその内容が常に充実してよく練られている。勇敢で鋭い論説は、国内の世論に大きな影響を与えている」というのが授賞理由だった。

『大公報』は返礼の言葉で、「文人が政治を論じる」という精神を次のように強調している。「中国の新聞は、他国とは少し違っている。他国の新聞は大企業が経営しているが、中国の新聞は原則として文人が政治を論じる機関であり、実業機関ではない。この点で、中国は遅れていると言えるが、特徴だとも言える……例えばこの新聞にわずかな価値があるとすれば、それは商業経営ではあっても、文人が政治を論ずるという本来の目的を保持できている点だ」[注4]

1941年9月6日、張季鸞は重慶で病没した。世を去る前、蔣介石がその病床のそばに立ち、目を潤ませた。死後、国民党と共産党はいずれも彼を高く評価し、「抗戦のために団結を呼びかけ、国家に功があった」「文壇の巨頭、新聞界の模範」「一代論宗、真心の愛国者」と称賛した。

張季鸞は生涯において新聞業の独立思想を守り、国家と民族の利益を重んじて、文章で社会改革を促し、新聞業の社会的責任を引き受けた。優しく穏やかで、多くの人に好かれ、道徳的な文章で世の中の尊敬を集めた。彼と同僚たちが創刊した『大公報』はかつての中国における報道の頂点で、新聞史上の偉大な記念碑となった。

注1　張季鸞：『帰郷記』『李鸞文存』第二冊附録、大公報出版社1946年第3版、第8頁。
注2　李瞻：『報業巨星張季鸞先生』『国際新聞界』2010年第9期、第102頁。
注3　陳紀瀅：『報人張季鸞』（三版）、台北重光出版社1971年版、第17頁。
注4　『本社同人的声明』『大公報』1941年5月15日。

【編者】

柳 斌傑（りゅう ひんけつ）

1948年生まれ。中国社会科学院研究生院哲学系卒。清華大学新聞与伝播学院院長、中華人民共和国国家新聞出版広電総局新聞出版総署署長、国家版権局局長、中国共産党第17回中央委員会委員。邦訳に『中国名記者列伝　第一巻』（日本僑報社）。

李 東東（り とうとう）

1951年生まれ。中国社会科学院大学院新聞系卒。中国作家協会会員。中国新聞文化促進会第6回理事会理事長、全国政治協商会議委員。邦訳に『中国名記者列伝　第一巻』（日本僑報社）。

【監訳者】

加藤 青延（かとう はるのぶ）

NHK解説委員。1978年NHK入局。香港支局長、北京支局特派員、東京国際部デスク、北京支局長、東京アジアセンター副部長を歴任。中国総局長などを経て、2006年より現職。主な著書に、『ＮＨＫ特派員は見た 中国仰天ボツネタ＆マル秘ネタ』（日本僑報社）他。邦訳に『中国名記者列伝　第一巻』（日本僑報社）。

【訳者】

黒金 祥一（くろがね しょういち）

1981年、京都府に生まれる。立命館大学文学部で中国文学を学び、卒業。やまねこ翻訳クラブ会員。訳書に『じいちゃんの火うちばこ』（徐魯／文・朱成梁／絵　ワールドライブラリー）、『雲のような八哥鳥』（谷力／文・郁蓉／絵　ワールドライブラリー）、『中学生小品』（豊子愷　日本僑報社）。第5回「翻訳新人賞」受賞。中国文学のすばらしさを世に広めることが目標。

The Duan Press

中国名記者列伝　第二巻

2017 年 4 月 11 日　初版第 1 刷発行

編　者　柳 斌傑（りゅう ひんけつ）・李 東東（り とうとう）

監訳者　加藤 青延（かとう はるのぶ）

訳　者　黒金 祥一（くろがね しょういち）

発　行　段 景子

発行所　株式会社 日本僑報社
〒 171-0021 東京都豊島区西池袋 3-17-15
TEL03-5956-2808　FAX03-5956-2809
info@duan.jp
http://jp.duan.jp
中国研究書店 http://duan.jp

2017 Printed in Japan.　ISBN 978-4-86185-237-4　C0036

日中文化 DNA 解読
―心理文化の深層構造の視点から―

昨今の皮相な日本論、中国論とは一線を画す名著。
中国人と日本人の違いとは何なのか？
文化の根本から理解する日中の違い。

中国人と日本人　双方の違いとは何なのか？

中国人と日本人の違いとは何なのか？本書では経済や政治など時代によって移り変わる表層ではなく普段は気づくことのない文化の根本部分、すなわち文化の DNA に着目しそれを解読する。政治や経済から距離をおいて両国を眺めてみれば、連綿と連なる文化の DNA が現代社会の中で様々な行為や現象に影響をあたえていることが分かる。文化学者としての客観的な視点と豊富な知識から日本人と中国人の文化を解説した本書は中国、台湾でロングセラーとなり多くの人に愛されている。昨今の皮相な日本論、中国論とは一線を画す名著。

著 者　尚会鵬
訳 者　谷中信一
定 価　2600 円＋税
ISBN　978-4-86185-225-1
刊 行　2016 年

同じ漢字で意味が違う

日本語と中国語の落し穴

用例で身につく「日中同字異義語 100」

中国日本商会発行
メルマガの人気コラム！

“同字異義語”を楽しく解説した人気コラムが書籍化！中国語学習者だけでなく一般の方にも。漢字への理解が深まり話題も豊富に。

著者　久佐賀義光
監修　王達
定価　1900 円＋税
ISBN　978-4-86185-177-3
刊行　2015 年

日本の「仕事の鬼」と中国の〈酒鬼〉

漢字を介してみる
日本と中国の文化

鄧小平訪日で通訳を務めたベテラン外交官の新著ビジネスで、旅行で、宴会で、中国人もあっと言わせる漢字文化の知識を集中講義！
日本図書館協会選定図書

編著　冨田昌宏
定価　1800 円＋税
ISBN　978-4-86185-165-0
刊行　2014 年

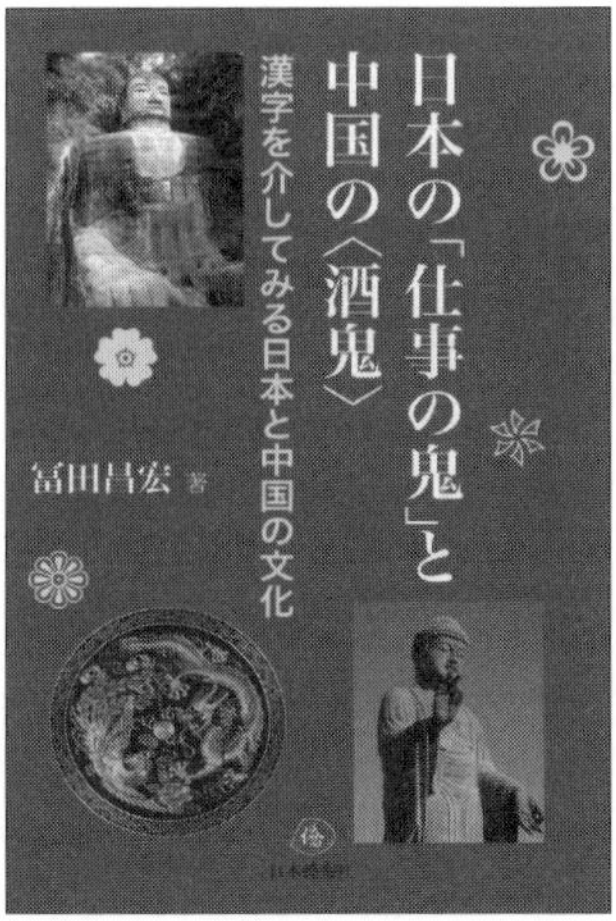

目覚めた獅子

中国の新対外政策

中国の新しい対外政策が分かる一冊

急激な成長を背景に国際社会での発言力を増す中国。今後この大国はどのように振る舞うのか？
経済のプロフェッショナルが、中国が世界経済の一員として歩むべき未来を提示する。

著 者　黄衛平
訳 者　森永洋花
定 価　2800 円＋税
ISBN　978-4-86185-202-2
刊 行　2015 年

現代中国カルチャーマップ

―百花繚乱の新時代―

悠久の歴史とポップカルチャーの洗礼

新旧入り混じる混沌の現代中国を文学・ドラマ・映画・ブームなどから立体的によみとく１冊。
具体的な事例を豊富に盛込み、20 世紀後半以降の現代中国の文化現象に焦点をあてる。

著 者　孟繁華
訳 者　脇屋克仁／松井仁子
定 価　2800 円＋税
ISBN　978-4-86185-201-5
刊 行　2015 年

第 12 回中国人の日本語作文コンクール受賞作品集

訪日中国人、「爆買い」以外にできること

「おもてなし」日本へ、中国の若者からの提言

中国の若者たちの生の声

今年 11 年目を迎えた日本語作文コンクール。昨年を上回り、過去最多となった 5190 本もの応募作から上位入賞の 81 本を収録。「訪日中国人、『爆買い』以外にできること」など 3 つのテーマに込められた、中国の若者たちの「心の声」を届ける！

編 者　段躍中
定 価　2000 円＋税
ISBN　978-4-86185-229-9
刊 行　2016 年

第 11 回中国人の日本語作文コンクール受賞作品集

なんでそうなるの？

中国の若者は日本のココが理解できない

一編一編の作文が未来への架け橋

「日中青年交流について――戦後70年目に両国の青年交流を考える」「『なんでそうなるの？』――中国の若者は日本のここが理解できない」「わたしの先生はすごい――第1回日本語教師『総選挙』in 中国」のテーマで上位入賞の 71 本を収録。

編 者　段躍中
定 価　2000 円＋税
ISBN　978-4-86185-208-4
刊 行　2015 年

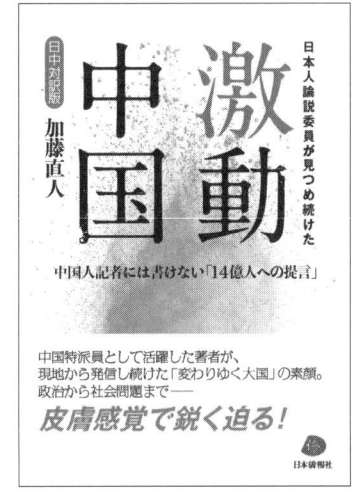

新中国に貢献した日本人たち

友好の原点ここにあり！！

埋もれていた史実が初めて発掘された。日中両国の無名の人々が苦しみと喜びを共にする中で、友情を育み信頼関係を築き上げた無数の事績こそ、まさに友好の原点といえよう。登場人物たちの高い志と壮絶な生き様は、今の時代に生きる私たちへの叱咤激励でもある。

―故元副総理・後藤田正晴

新中国に貢献した日本人たち

編 者　中国中日関係史学会
訳 者　武吉次朗
定 価　2800 円＋税
ISBN　978-4-93149-057-4
刊 行　2003 年

続 新中国に貢献した日本人たち

編 者　中国中日関係史学会
訳 者　武吉次朗
定 価　2900 円＋税
ISBN　978-4-86185-021-9
刊 行　2005 年

アメリカの名門 CarletonCollege 発、全米で人気を博した

悩まない心をつくる人生講義

―タオイズムの教えを現代に活かす―

元国連事務次長 明石康氏推薦！

無駄に悩まず、流れに従って生きる老子の人生哲学を、比較文化学者が現代人のため身近な例を用いて分かりやすく解説した。

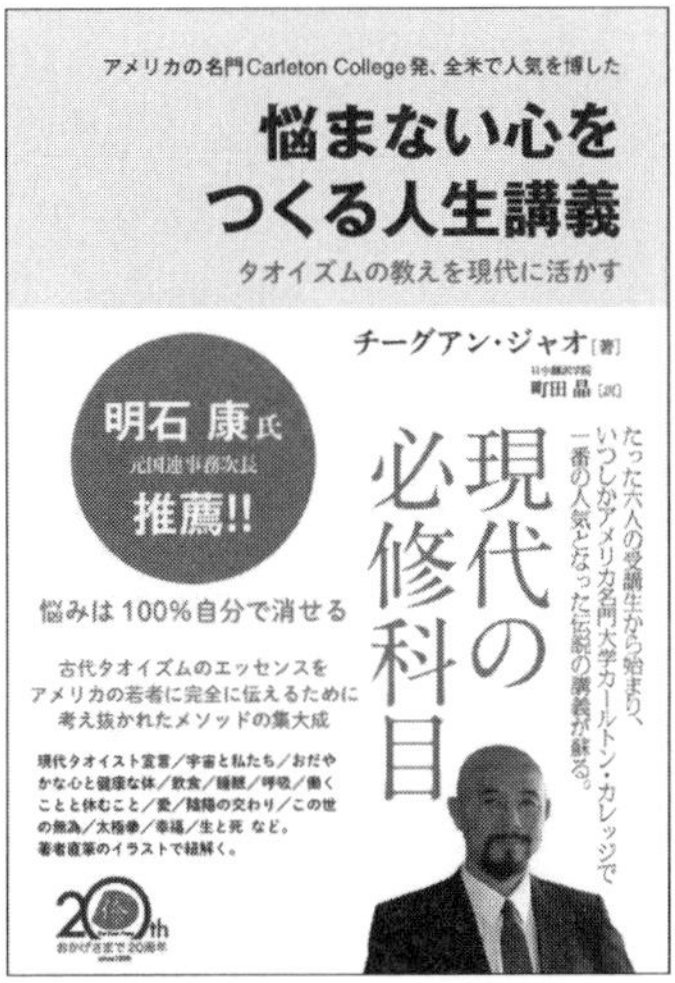

“パンを手に入れることはもとより大事だが、その美味しさを楽しむことはもっと大事だ”

「老後をのんびり過ごすために、今はとにかく働かねば」と、精神的にも肉体的にも無理を重ねる現代人。いつかやってくる「理想の未来」のために人生を捧げるより今この時を楽しもう。2500 年前に老子が説いた教えにしたがい、肩の力を抜いて自然に生きる。難解な老子の哲学を分かりやすく解説し米国の名門カールトンカレッジで好評を博した名講義が書籍化！人生の本質を冷静に見つめ本当に大切なものを発見するための一冊。

著 者	尚会鵬
訳 者	谷中信一
定 価	2600 円＋税
ISBN	978-4-86185-225-1
刊 行	2016 年

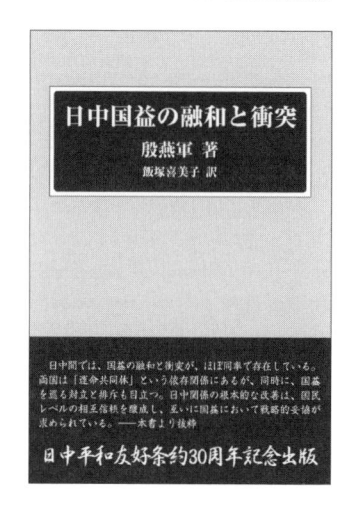

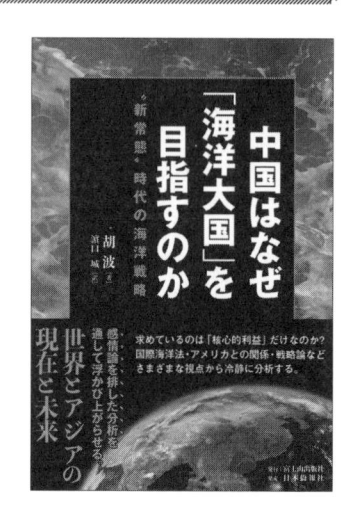

尖閣諸島をめぐる「誤解」を解く
―国会答弁にみる政府見解の検証―

尖閣問題を冷静な話し合いで解決するためのヒント

孫崎享・岡田充共同推薦！

尖閣問題の矛盾点をつきとめ、こじれた問題を解決するためのヒントとして、日中関係の改善と発展を望むすべての人におススメしたい一冊だ。

著 者　笘米地真理
定 価　3600円＋税
ISBN　978-4-86185-226-8
刊 行　2016年

尖閣列島・釣魚島問題をどう見るか

1. はじめに
2. 歴史的事実はどうであったのか
3. 明治政府の公文書が示す日本の領有過程
4. 日本の領土に編入されてから
5. 狭隘な民族主義を煽る口実としての領土問題
6. 試される二十一世紀に生きる者の英知

著 者　村田忠禧
定 価　1300円＋税
ISBN　978-4-93149-087-1
刊 行　2004年

永遠の隣人 ―人民日報に見る日本人―

永遠の隣人

書名題字 元内閣総理大臣村山富市先生

日中国交正常化 30 周年を記念して、人民日報の人物記事を一冊の本にまとめた。中国人記者の眼差しを通し日中友好を考える。

主 編	孫東民、于青
監 訳	段躍中
訳 者	横堀幸絵ほか
定 価	4600 円＋税
ISBN	4-931490-46-8
刊 行	2002 年

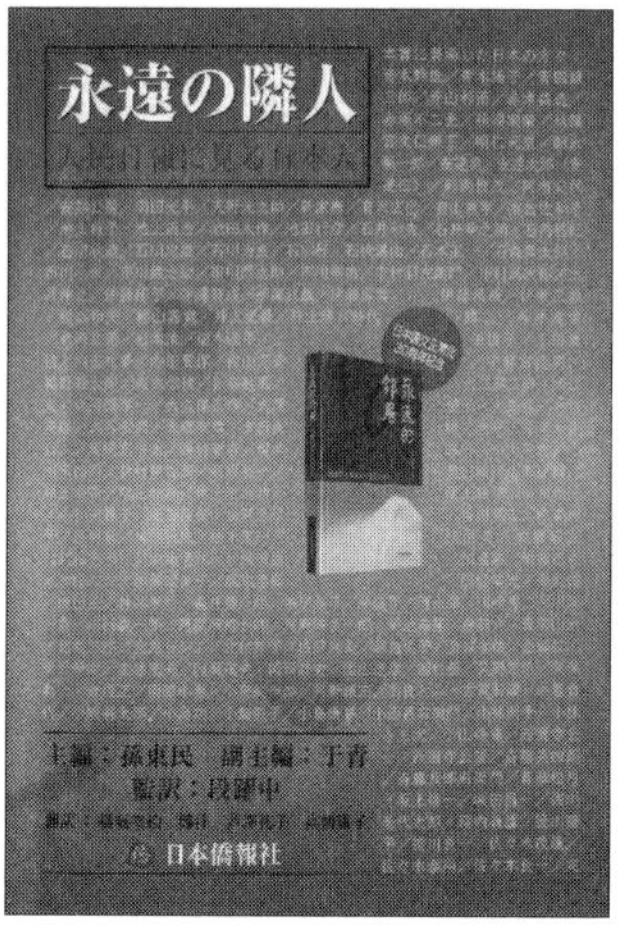

日中友好会館の歩み

「争えば共に傷つき、
相補えば共に栄える」

中曽根康弘元首相 推薦！
唐家璇元国務委員 推薦！

かつての日本、都心の一等地に発生した日中問題を解決の好事例へと昇華させた本質に迫る一冊。

著 者	村上立躬
定 価	3800 円＋税
ISBN	978-4-86185-198-8
刊 行	2016 年

日本僑報社好評既刊書籍

日中対立を超える「発信力」
～中国報道最前線 総局長・特派員たちの声～

段躍中 編

1972年以降、かつて経験したことのない局面を迎えていると言われる日中関係。双方の国民感情の悪化も懸念される2013年夏、中国報道の最前線の声を緊急発信すべくジャーナリストたちが集まった！

四六判240頁 並製 定価1350円＋税
2013年刊 ISBN 978-4-86185-158-2

NHK特派員は見た
中国仰天ボツネタ＆マル秘ネタ

加藤青延 著

中国取材歴30年の現NHK解説委員・加藤青延が現地で仕入れながらもニュースにはできなかったとっておきのボツネタを厳選して執筆。

四六判208頁 並製 定価1800円＋税
2014年刊 ISBN 978-4-86185-174-2

必読！今、中国が面白い Vol.10
中国が解る60編

而立会 訳
三潴正道 監訳

『人民日報』掲載記事から多角的かつ客観的に「中国の今」を紹介する人気シリーズ第10弾！ 多数のメディアに取り上げられ、毎年注目を集めている人気シリーズ。

A5判291頁 並製 定価2600円＋税
2016年刊 ISBN 978-4-86185-227-5

必読！今、中国が面白い Vol.9
中国が解る60編

而立会 訳
三潴正道 監訳

『人民日報』掲載記事から多角的かつ客観的に「中国の今」を紹介する人気シリーズ第9弾！ 多数のメディアに取り上げられ、毎年注目を集めている人気シリーズ。

A5判338頁 並製 定価2600円＋税
2015年刊 ISBN 978-4-86185-187-2

中国式
コミュニケーションの処方箋

趙啓正／呉建民 著
村崎直美 訳

なぜ中国人ネットワークは強いのか？中国人エリートのための交流学特別講義を書籍化。
職場や家庭がうまくいく対人交流の秘訣。

四六判243頁 並製 定価1900円＋税
2015年刊 ISBN 978-4-86185-185-8

日本人には決して書けない
中国発展のメカニズム

程天権 著
中西真(日中翻訳学院) 訳

名実共に世界の大国となった中国。
中国人民大学教授・程天権が中国発展のメカニズムを紹介。
中国の国づくり90年を振返る。

四六判153頁 並製 定価2500円＋税
2015年刊 ISBN 978-4-86185-143-8

新疆物語
～絵本でめぐるシルクロード～

日本図書館協会選定図書

王麒誠 著
本田朋子(日中翻訳学院) 訳

異国情緒あふれるシルクロードの世界。
日本ではあまり知られていない新疆の魅力がぎっしり詰まった中国のベストセラーを全ページカラー印刷で初翻訳。

A5判182頁 並製 定価980円＋税
2015年刊 ISBN 978-4-86185-179-7

新疆世界文化遺産図鑑

小島康誉／王衛東 編
本田朋子(日中翻訳学院) 訳

「シルクロード：長安－天山回廊の交易路網」が世界文化遺産に登録された。本書はそれらを迫力ある大型写真で収録、あわせて現地専門家が遺跡の概要などを詳細に解説している貴重な永久保存版である。

変形A4判114頁 並製 定価1800円＋税
2016年刊 ISBN 978-4-86185-209-1

日本僑報社好評既刊書籍

日中中日翻訳必携 実戦編Ⅱ

武吉次朗 著

日中翻訳学院「武吉塾」の授業内容を凝縮した「実戦編」第二弾！
脱・翻訳調を目指す訳文のコツ、ワンランク上の訳文に仕上げるコツを全36回の課題と訳例・講評で学ぶ。

四六判192頁 並製 定価1800円＋税
2016年刊 ISBN 978-4-86185-211-4

現代中国カルチャーマップ

百花繚乱の新時代

日本図書館協会選定図書

孟繁華 著
脇屋克仁／松井仁子（日中翻訳学院）訳

悠久の歴史とポップカルチャーの洗礼、新旧入り混じる混沌の現代中国を文学・ドラマ・映画・ブームなどから立体的に読み解く１冊。

A5判256頁 並製 定価2800円＋税
2015年刊 ISBN 978-4-86185-201-5

中国の“穴場”めぐり

日本日中関係学会 編

宮本雄二氏、関口知宏氏推薦!!
「ディープなネタ」がぎっしり！
定番の中国旅行に飽きた人には旅行ガイドとして、また、中国に興味のある人には中国をより深く知る読み物として楽しめる一冊。

A5判160頁 並製 定価1500円＋税
2014年刊 ISBN 978-4-86185-167-4

中国人の価値観

—古代から現代までの中国人を把握する—

宇文利 著
重松なほ（日中翻訳学院）訳

かつて「礼節の国」と呼ばれた中国に何が起こったのか？
伝統的価値観と現代中国の関係とは？
国際化する日本のための必須知識。

四六判152頁 並製 定価1800円＋税
2015年刊 ISBN 978-4-86185-210-7

中国の百年目標を実現する

第13次五カ年計画

胡鞍鋼 著
小森谷玲子（日中翻訳学院）訳

中国政策科学における最も権威ある著名学者が、国内刊行に先立ち「第13次五カ年計画」の綱要に関してわかりやすく紹介した。

四六判120頁 並製 定価1800円＋税
2016年刊 ISBN 978-4-86185-222-0

強制連行中国人 殉難労働者慰霊碑資料集

強制連行中国人殉難労働者慰霊碑資料集編集委員会 編

戦時下の日本で過酷な強制労働の犠牲となった多くの中国人がいた。強制労働の実態と市民による慰霊活動を記録した初めての一冊。

A5判318頁 並製 定価2800円＋税
2016年刊 ISBN 978-4-86185-207-7

和一水

—生き抜いた戦争孤児の直筆の記録—

和睦 著
康上賢淑 監訳
山下千尋／濵川郁子 訳

旧満州に取り残され孤児となった著者。
1986年の日本帰国までの激動の半生を記した真実の書。
過酷で優しい中国の大地を描く。

四六判303頁 並製 定価2400円＋税
2015年刊 ISBN 978-4-86185-199-5

中国出版産業 データブック vol.1

国家新聞出版ラジオ映画テレビ総局
図書出版管理局 著
段景子 監修
井田綾／舩山明音 訳

デジタル化・海外進出など変わりゆく中国出版業界の最新動向を網羅。
出版・メディア関係者ら必携の第一弾、日本初公開！

A5判248頁並製 定価2800円＋税
2015年刊 ISBN 978-4-86185-180-3